JEAN-PIERRE ROSENCZVEIG

PIERRE VERDIER

LE SECRET PROFESSIONNEL EN TRAVAIL SOCIAL

DEUXIÈME ÉDITION
REVUE ET AUGMENTÉE

Éditions
Jeunesse
et droit

DUNOD

NOTE

Cette deuxième édition comporte des ajouts, des précisions et des corrections. Les auteurs remercient Laure Dourgnon, juriste, qui a apporté ses suggestions à cette édition.

ISBN 2-930176-19-9

16, Passage Gatbois, F-75012 Paris

ISBN 2 -10004534 -2

15, rue Gossin, F-92541 Montrouge cedex

Table des matières

I. - PRINCIPES 9

II. - QUI EST ASTREINT AU SECRET PROFESSIONNEL ? 29

III. - SUR QUOI PORTE LE SECRET PROFESSIONNEL ? 51

IV. - LES SANCTIONS EN CAS DE VIOLATION DU SECRET PROFESSIONNEL 59

V. - LES LIMITES 67

VI. - SECRET PROFESSIONNEL ET DEVOIR DE PROTECTION 71

VII. - SECRET PROFESSIONNEL ET TRAVAIL EN ÉQUIPE : LE SECRET PARTAGÉ 97

VIII.- LE SECRET PROFESSIONNEL ET LA JUSTICE 107

IX. - SECRET PROFESSIONNEL ET DROIT DE L'USAGER AUX INFORMATIONS QUI LE CONCERNENT 123

X . - SECRET PROFESSIONNEL ET DÉONTOLOGIE 131

- Annexes :

  I. Les textes légaux 140

  II. - Références déontologiques pour l'action sociale 143

- Table des questions-réponses 147

Ouvrages de Jean-Pierre Rosenczveig

Enfants victimes, enfants délinquants, Balland, Paris 1989

L'enfant et la séparation des parents, Editions Jeunesse et droit, Paris 1997

Le dispositif français de protection de l'enfance, Editions Jeunesse et droit, Paris, 1998 (2ème édition)

Les responsabilités en travail social, avec Pierre Verdier, Editions Jeunesse et droit, & Dunod, Paris 1998

La parole de l'enfant, avec Pierre Verdier, Editions Jeunesse et droit & Dunod, Paris 1999

Principaux ouvrages de Pierre Verdier

Guide pratique de l'Aide sociale à l'enfance, Centurion, Paris 1975 (épuisé)

Les droits des personnes handicapées, Editions ESF, Paris 1981 (2ème édition)

Mémento d'Aide sociale, Editions ESF, Paris 1981

Institutions et organismes sociaux, Editions ESF, Paris 1982

Manuel de l'auxiliaire sanitaire, Editions Privat, Toulouse 1982 (3ème édition)

L'autorité parentale, le droit en plus, Bayard Editions, Paris 1993 (avec Sylvie Curiel)

Guide de l'Aide sociale à l'enfance, Bayard Editions, Paris 1995 (4ème édition)

Lexicode de l'Aide sociale à l'enfance, Bayard Editions, Paris 1995

Guide pratique de la correspondance administrative, Berger Levrault, Paris 1999 (5ème édition)

L'adoption, aujourd'hui, Bayard Editions, Paris 1999 (6ème édition)

L'enfant en miettes, Dunod, Paris 1999 (6ème édition)

En collaboration

Le secret sur les origines, Pierre Verdier - Pr Michel Soule, Editions ESF, Paris 1986

On m'a jamais demandé mon avis, Marieke Aucante - Pierre Verdier , Editions Robert Laffont, Collection "Réponses", Paris 1990

Affirmer et promouvoir les droits de l'enfant après la convention internationale des droits de l'enfant, La documentation française, Paris 1993

Enfant de personne, Geneviève Delaisi - Pierre Verdier , Editions Odile Jacob, Paris 1994

Comment assurer la protection d'un majeur, Pierre Verdier - Michel Bauer, Editions ESF, Paris 1999

Face au secret de ses origines, le droit d'accès au dossier de l'enfant abandonné, Pierre Verdier - Martine Duboc, Dunod, Paris 1996

Ces enfants dont personne ne veut, Pierre Verdier - Marieke Aucante, Dunod, Paris 1997

Le droit à la connaissance de son origine : un droit de l'homme, avec Nathalie Margiotta, Jeunese et Droit, Paris 1998

Les responsabilités en travail social, avec Jean-Pierre Rosenczveig , Dunod et Jeunesse et droit, Paris 1998

La parole de l'enfant (Aspects juridiques, éthiques et politiques), Jean-Pierre Rosenczveig - Pierre Verdier, Dunod et Jeunesse et droit, Paris 1999

Pour éviter la correctionnelle...

La question du secret professionnel est une des plus délicates auxquelles sont confrontés les acteurs sociaux contemporains, quand déjà les termes de leur mission sont de plus en plus souvent difficiles à tenir.

C'est que les conditions de leurs interventions se sont incroyablement complexifiées (pluridisciplinarité des équipes, partenariat inter-institutions quasi-obligé, compétences pour agir sur le même objet social, plus que jamais multiples et morcelées, publiques et privées, locales et nationales). Avec, en arrière-fond, une démarche d'informatisation et de connexion entre dispositifs informatisés à outrance facilitant le transfert des informations sans obligatoirement que les professionnels aient leur mot à dire.

Force est aussi d'observer que notre sensibilité aux violences en tous genres est telle que nous attendons de ceux qui ont connaissance du sort inadmissible subi par tel ou tel qu'ils s'interposent ou alors qu'ils parlent, notamment en informant la justice afin que celle-ci mobilise ses propres moyens d'intervention. C'est aujourd'hui le cas pour les violences faites aux enfants, après la réaction hier contre les violences infligées aux femmes et avant demain que nous nous penchions sur le sort souvent préoccupant des personnes âgées dépendantes.

Dans ce contexte, la réponse donnée par la loi aux professionnels quant à l'attitude à tenir n'est pas vécue comme d'une clarté éblouissante; au contraire, dans ce domaine, le droit a la réputation d'être plein de contradictions et de justifier tous les comportements, y compris les plus corporatistes et frileux.

De fait, la crainte est bien réelle chez des travailleurs sociaux, professionnels de terrain et cadres, de devoir rendre compte devant des juridictions pénales ou civiles de leur attitude, notamment quand des enfants ont été maltraités.

Quelques affaires judiciaires ont récemment défrayé la chronique. Même si, rapportées au nombre de situations traitées au quotidien, il ne s'agit que de cas typés et isolés, on ne peut pas négliger l'impact de ces procès sur les professions.

Ces poursuites pénales se voulaient symboliques; elles ont effectivement frappé les esprits même si généralement elles se sont achevées par des relaxes.

Le nouveau code pénal entré en application le 1er mars 1994 apporte certes des réponses intéressantes sur les termes du secret professionnel, de l'obligation de dénoncer et sur l'assistance à personne en péril, mais le traumatisme des «*affaires*» reste évident. Tout simplement la loi reste ignorée.

La crainte d'être tenu responsable a effectivement entraîné des attitudes de protection et, en tout état de cause, c'est bien à une augmentation des signalements vers la justice, d'enfants en danger que l'on assiste. Sans compter que la parole s'est libérée sur certaines violences comme les agressions sexuelles. Parler, oui, mais quand et pour quoi dire ? Se taire, mais à quel prix ?

Autant de questions et bien d'autres.

Il était donc impératif et urgent de répondre aux questions que se posent les uns et les autres si on ne veut pas vivre un repliement qui constituerait une régression historique pour l'action sociale ou une ouverture de parapluies par des signalements de protection.

Telle est donc l'ambition de cet opuscule : rappeler les règles du jeu applicables, mais surtout les expliquer et offrir les cadres du raisonnement afin que les intéressés découvrent eux-mêmes les réponses aux questions concrètes auxquelles ils pourront être confrontés sur le terrain, tant il est vrai qu'on ne peut, ici comme dans la loi, que donner des réponses générales.

A chaque fois, il faudra au lecteur faire le dernier effort pour ajuster cette réponse à la situation dont il a à connaître. Qu'il n'en soit pas dérouté ! Telle est la nature des choses. Il n'y a pas de travail social sans engagement personnel et donc sans responsabilités. L'éthique de chacun, sa déontologie ou les règles de son service l'y aideront.

Professionnels souvent appelés à parler et expliquer le droit, nous sommes partis des questions que fréquemment nos interlocuteurs nous posent. C'est volontairement que nous avons privilégié des approches très concrètes.

Pour autant nous ne pouvions pas faire l'impasse d'expliquer les principes en cause. Tout simplement nous avons eu l'ambition de proposer un livre maniable, au plus près des questions rencontrées au quotidien. Les réponses apportées à certaines questions pourront apparaître comme redondantes avec celles apportées à d'autres. Ces recoupements étaient inévitables dans un document qui se veut pédagogique et destiné à être consulté par thèmes ou zones d'intérêt plus que lu d'affilée.

Ce travail est perfectible. Nous veillerons dans l'avenir à enrichir cet ouvrage des nouveaux questionnements qui nous parviendront.

En plein ou en creux se dessine dans ces réponses une certaine attitude qui se veut respectueuse de la vie privée et des libertés individuelles; une attitude précautionneuse à l'égard des pouvoirs dont disposent tous les intervenants sociaux, parfois malgré eux.

Sans contester la place que les prétoires peuvent jouer pour faire progresser les libertés individuelles ou collectives, nous avons bien le souci de rassurer les travailleurs sociaux sur leurs inquiétudes de vivre les affres de la correctionnelle.

Puissions nous y parvenir et en même temps, contribuer à améliorer la qualité de la réponse apportée à l'usager qui est en définitive la fin ultime du travail social.

I. - PRINCIPES

1. Quelle est l'actualité du sujet ?

La question du secret professionnel prend aujourd'hui une acuité particulière pour trois raisons essentielles :

- Tout d'abord, le nouveau code pénal est entré en application en mars 1994 (loi n°92-683 du 22 juillet 1992) sans vraiment avoir été précédé d'un débat politique notamment sur les obligations pesant sur les travailleurs sociaux. Cela a eu l'heur d'inquiéter tellement il est évident pour beaucoup que tout nouveau code pénal ne pouvait être que plus répressif.
- Le contexte de la décentralisation et la complexification des conditions des interventions sociales font que l'autorité politique du département, le président du Conseil général, entend savoir le maximum sur les situations suivies en son nom. D'autre part, les équipes sont désormais composées de gens venus d'horizons différents sans compter qu'il faut souvent engager un travail inter-institutionnel pour venir en aide aux familles, de telle sorte qu'on ne sait plus qui est ou n'est pas tenu au secret

professionnel.

- Les procédures pénales engagées contre des travailleurs sociaux pour non-dénonciation de crimes à enfants et non-assistance à personne en danger à Lille (appel à Douai), Auch (appel à Agen) et au Mans (appel à Angers le 12 juillet 1994 et rejet en cassation le 8 octobre 1997 (Journal du Droit des Jeunes, n° 171, janvier 1998), avec des condamnations parfois sévères, et même des incarcérations provisoires au cours de l'instruction comme dans l'affaire du Mans.

C'est que la violence en général, la violence à enfants en particulier, nous sont insupportables. D'où cette idée qui s'installe au début de la décennie 80 qu'il faut réagir, réagir vite et sévèrement pour protéger la jeune victime et sanctionner l'auteur des violences. S'agissant de faits tenus pour graves, la justice doit donc être saisie. Ce «*devoir d'ingérence*» pèse sur tout un chacun - le voisin, le témoin, etc. - , mais encore plus sur ceux qui sont proches des jeunes victimes du fait même de la mission qu'ils accomplissent auprès d'eux. L'indifférence n'est plus supportable. Pour reprendre le titre d'une libre-opinion ministérielle, publiée en 1983 dans le journal Le Monde, dans le cadre de l'affaire de «*l'enfant du placard*», il faut «*Oser parler la maltraitance à enfants*».

Mais, dans le même temps, comment permettre que se poursuive l'intervention médicale ou sociale qui suppose du temps et de la confiance et dans le même temps, faciliter une intervention judiciaire efficace c'est-à-dire la plus prompte possible ?

En d'autres termes, comment dénouer la double injonction - apparemment contradictoire - qui résulte de l'obligation de se taire au nom de secret professionnel et l'obligation de parler au nom du souci de protéger la victime ?

I.

Principes

Comment dénouer ce dilemme entre la nécessité de prendre le temps d'une évaluation fine des causes de la maltraitance afin d'engager une réponse fondée sur la confiance de la famille et, concommitemment, prévenir au plus tôt la justice pour que la vérité soit faite sur des actes répréhensibles ?

On est donc bien au coeur du rapport du social et du judiciaire avec en arrière-fond d'incontestables conflits de pouvoir sinon de légitimité.

La justice, par exemple, ne peut pas supporter que les travailleurs sociaux s'approprient le droit de décider de l'opportunité des poursuites et tout simplement de la gestion du temps judiciaire quand rendre la justice est souvent une course contre la montre.

Très concrètement, c'est bien la question posée à Lille, Auch et au Mans. A Auch et au Mans, on reprochait aux professionnels du social de ne pas avoir pris l'initiative de prévenir le procureur de ce que les enfants qu'ils suivaient avaient été victimes d'un viol. A Auch comme au Mans ces intervenants sociaux ne contestaient pas qu'ils avaient l'obligation d'effectuer ce signalement. A Auch, on souhaitait que la mère de la victime fasse cette démarche et on prenait le temps de l'en convaincre; au Mans, on entendait préparer la jeune victime à sa confrontation avec la justice. Les juges n'ont pas toujours entendu ces arguments. D'autre part, la preuve de la volonté de signaler n'a pas été apportée dans l'affaire Montjoie (Le Mans), d'où la sévérité des juges.

Laissons, pour l'heure, cette appréciation factuelle. Au fond la question était celle de la légalité de cette obligation de dénoncer ou de témoigner quand on est tenu au secret professionnel. Il faut s'arrêter quelques instants aux thèses en présence dans un contexte juridique incertain.

De plus en plus, les magistrats proches du terrain, sensibilisés durant la décennie aux violences à enfants, estimaient que l'obligation de garder le secret professionnel devait céder devant l'obligation de témoigner. L'obligation imposée par le code pénal de signaler les crimes et délits à l'autorité judiciaire, comme de tout faire pour éviter leur renouvellement, était donc régulièrement présentée comme étant d'application générale.

A cela d'autres juristes, s'appuyant notamment sur la jurisprudence traditionnelle de la Cour de Cassation sur le secret professionnel, rappelaient qu'au risque de scier la branche sur laquelle les travailleurs sociaux s'appuyaient, l'obligation de conserver le silence devait demeurer absolue et ne supporter d'autres limites que celles explicitement prévues par la loi (notamment pour des raisons de santé publique). Il en allait de la crédibilité de l'action sociale.

Le nouveau code pénal est venu fort heureusement répondre nettement à cette question en s'alignant explicitement sur la position de la Cour de Cassation. Au risque de surprendre et de choquer tous ceux qui sont attachés à garantir une intervention judiciaire contre les «*bourreaux d'enfants*», il affirme qu'il n'y a pas d'obligation pour ceux qui sont tenus au secret professionnel de dénoncer à l'autorité administrative ou judiciaire les crimes et délits sous réserve de l'obligation de porter secours à ces personnes. Le secret professionnel est bien présenté comme absolu, quoiqu'il en coûte. Les travaux parlementaires font la preuve, s'il le fallait, de la volonté du gouvernement et du Parlement.

Toutefois, ceux qui sont tenus au secret professionnel ont, dans certains cas très précis et justifiés, la possibilité d'y déroger. S'ils font le choix de signaler ou de répondre positivement à une demande de témoignage, ils bénéficieront d'un fait justificatif : l'autorisation de la loi. Ils ne seront donc pas punissables. Un choix s'ouvre donc à eux, mais il ne saurait être question de leur imposer une obligation de parler. Reste à préciser ceux qui sont tenus à l'obligation au secret.

Toutefois, nous y reviendrons, tenus ou non au respect du secret professionnel ou a fortiori à une simple obligation de discrétion, les professionnels ont comme tous les citoyens l'obligation absolue de porter secours à la personne en péril.

2. Qu'est-ce qui caractérise un «*secret*» ?

Le secret est l'obligation de ne pas révéler des informations apprises à l'occasion d'une profession. Il peut procéder :

- soit de la volonté de la personne intéressée. Si elle demande expressément que l'information ne soit pas révélée, le travailleur social ne pourra pas, sauf hypothèses légales de levée du secret, révéler cette information;

- soit de la loi. Il existe une foule d'informations protégées par l'obligation de secret : le secret militaire (de *«la Grande Muette»*), bancaire, de l'Instruction, etc. Le secret qui intéresse les travailleurs sociaux est celui de la vie privée, posé par le Code civil : *«chacun a droit au respect de sa vie privée»*.

Le concept de vie privée est éminemment subjectif, et son contenu est amené à évoluer avec le temps. On peut en tout cas dire qu'il recouvre au moins ce qui concerne les informations relatives à la santé, à la sexualité, l'intimité, l'adresse et le numéro de téléphone, les origines ethniques et les opinions politiques, philosophiques et religieuses.

Un secret est un savoir caché à autrui.

Il se caractérise par deux éléments : c'est un savoir partagé et c'est un savoir protégé.

Le secret est d'abord un savoir partagé : s'il n'y a pas communication, il n'y a pas de secret. Ce *«partage»* n'est pas nécessairement verbal : le médecin peut avoir connaissance de la maladie du patient par son diagnostic, sans que le patient en ait fait la confidence, sans même qu'il soit lui-même au courant. La réception de l'information est indépendante de son émission, puisque le secret couvre, on le verra, ce qui est compris. Une chose inconnue n'est pas secrète, elle est seulement ignorée. Le secret commence avec la communication. Celui qui le reçoit (ou le découvre) en est «*dépositaire*». On doit quand même relever que les tribunaux vont plus loin puisqu'ils estiment que l'information devinée ou déduite d'autres informations est un secret que l'on doit garder.

Ce secret que le travailleur social, l'administration, l'hôpital, le médecin détiennent pour raison professionnelle sur autrui, ces éléments de vie, ne leur appartiennent pas : ils en sont seulement dépositaires.

«*Nous sommes dans le secret*» de quelqu'un d'autre. Ce qui veut dire que le secret n'est pas opposable à son «*propriétaire*». Il est bien clair que refuser à un intéressé ce qui lui appartient est un abus de pouvoir, un coup de force en quelque sorte. On ne prendra ici comme illustration que la douleur, la révolte et le sentiment d'injustice que ressentent ceux qui sont privés du droit d'accéder à la connaissance de leur histoire et qui sont convaincus que l'administration a dans ses dossiers auxquels elle leur refuse l'accès l'information qu'ils recherchent !

Le secret est aussi un savoir protégé : sa fonction, en effet, c'est toujours de protéger. Protéger un sentiment ou un bien. Protéger d'un jugement. Protéger une réputation. C'est pourquoi sa transgression est toujours vécue comme une violence. On dit de quelqu'un qu'il a «*violé*» le secret.

3. Qu'est-ce, grosso modo, que le secret professionnel ?

Par-delà l'affirmation primaire que dans certaines circonstances certaines personnes ont l'obligation légale de taire ce qu'ils savent de par leur métier ou leur situation sur leurs «*clients*», la réponse n'est pas aisée tellement circulent de fausses idées. Peut-être parce que la loi ne donne pas de définition précise du secret professionnel, ni quant à ce qu'il recouvre, ni quant aux personnes qui y sont tenues. D'où la tendance naturelle pour chacun d'avancer sa définition, souvent pour justifier sa propre pratique.

On sait déjà que l'ordre vient de la loi et même qu'il vient de la loi pénale, c'est-à-dire que l'on risque d'être puni si on viole ce secret. En vérité, si on se réfère aux textes, on peut déjà apprécier les contours de cette obligation. Pour autant, force est d'admettre qu'il faudra, demain comme hier, attendre des tribunaux qu'ils adaptent ces principes légaux aux situations. C'est donc bien, au final, aux juridictions qu'il reviendra de tracer les contours concrets du secret professionnel.

On peut commencer par affirmer - ce qui est déjà à contre-courant d'un certain discours - que le secret professionnel n'est, **ni une protection** des travailleurs sociaux comme l'avancent trop souvent des professionnels, **ni un droit** ou un privilège de ne pas répondre aux questions que l'on pourrait se voir poser, mais une contrainte qui pèse sur certaines personnes de taire ce qu'elles ont appris ou compris en raison de leur état, de leur profession, d'une fonction ou d'une mission.

Sous prétexte que cette disposition permet de garder le silence sur ce que l'on a appris, on entend parfois dire : «*Nous sommes protégés par le secret professionnel*». Non ! Le secret n'est pas une prérogative donnée au professionnel, mais une **obligation de se taire** qui lui est imposée par la loi sous peine de sanction pénale. On est tenu au secret professionnel ! La terminologie utilisée par les divers codes de déontologie est éclairante : elle parle de personnes «*astreintes*»; «*soumises*», «*tenues*» au secret. Le secret professionnel se trouve au point de rencontre entre la sphère publique et la sphère privée. Il s'agit peut-être de protéger l'intimité de l'usager; il s'agit surtout et sûrement d'une règle d'ordre public qui vise à garantir la confiance dans une profession.

Les informations à « *caractère secret*», c'est-à-dire qui concernent la vie privée, la santé, les relations familiales, et qui donc appartiennent à l'usager, peuvent être confiées à un ami : c'est la relation de confiance; ou à un professionnel : c'est la relation de confidence. Il faut donc garantir à ceux qui sont obligés de révéler une partie d'eux-mêmes que cette intimité ne sera pas violée par quelqu'un d'autre qu'eux.

Depuis longtemps notre droit a admis qu'il y avait des «*confidents nécessaires*». C'est-à-dire que certaines relations de soin, d'assistance, d'aide n'étaient possibles que si l'usager pouvait être certain que ce qu'il confiait aux professionnels n'irait pas vers d'autres.

Cette obligation de secret a d'abord été édictée pour les médecins et les professions de santé, puis étendue à d'autres professions, notamment sociales : assistantes sociales, personnel de P.M.I., établissements de l'A.S.E., etc., au fur et à mesure du développement de l'action sociale, sachant que celle-ci est pléthorique et qu'apparaissent régulièrement de nouvelles interventions qui revendiquent rapidement leur professionnalisme, et donc souvent leur «*droit*» d'être considérées comme tenues au secret. A la limite, se voir sanctionné au titre des règles du secret professionnel - en pratique se voir reconnu le droit de pas être obligé de témoigner en justice - est vécu comme un acte de naissance professionnel !

La jurisprudence a étendu l'obligation au secret aux ministres des cultes, aux avocats, aux experts comptables. Un arrêt isolé de la Cour de cassation intervenu en 1971 en excluait les éducateurs spécialisés. Cette décision nous apparaît aujourd'hui caduque avec les termes du nouveau code pénal.

Les éducateurs ne sont pas tenus au secret en raison de leur profession; en revanche, ils peuvent l'être en raison de leur mission.

4. Quels sont les textes aujourd'hui applicables ?

Ils ont été modifiés par le nouveau code pénal.

Le célèbre article 378 du code pénal qui se présentait comme suit :

«*Les médecins, chirurgiens, et autres officiers de santé, ainsi que les sages-femmes et toutes personnes dépositaires par état ou par profession, par fonctions temporaires ou permanentes, de secrets qu'on leur confie, qui, hors les cas où la loi les oblige ou les autorise à se porter dénonciateurs, auront révélé ces secrets, seront punis d'un mois à six mois de prison et à un amende de 500 à 8000 F*», a été remplacé dans le nouveau code par l'article 226-13 :

«*La révélation d'une information à caractère secret par une personne qui en est dépositaire soit par état soit par profession, soit en raison d'une fonction ou d'une mission temporaire, est punie d'un an d'emprisonnement et de 100 000 F d'amende*».

On notera immédiatement, outre la forme plus ramassée de la nouvelle formulation sur laquelle nous reviendrons, que le législateur moderne a singulièrement relevé le seuil maximum des sanctions encourues pour ceux qui violent le secret professionnel. L'amende peut désormais s'élever à 100.000 F (pour 8.000 dans le passé) et surtout la peine de prison encourue est portée à un an quand elle était limitée à 6 mois jusqu'ici. On voit bien que le Parlement ne s'en est pas tenu à «*l'inflation*», preuve de l'importance attachée à ces dispositions dans une période où tout ce que l'on sait a tendance à se dire et à s'échanger devant une opinion vorace de savoir ! Le législateur a bien voulu marquer symboliquement un coup d'arrêt.

D'autres textes, que nous croiserons au cours de ce jeu de questions-réponses, régissent la non-dénonciation de crimes et l'obligation de porter aide et assistance à personne en péril. On les trouvera à la fin de ce livret.

5. Quel est le principe du secret professionnel ?

L'exercice et la crédibilité de certaines professions exigent que soient communiqués par l'usager aux intervenants certaines informations à «*caractère secret*».

Mais dans ce cas le secret appartient à celui qu'il concerne, c'est-à-dire à l'usager, au client, mais pas au professionnel. Le professionnel en est seulement «*dépositaire*» comme l'indique explicitement le code pénal (art. 226-13), mais en aucun cas propriétaire.

Ce principe aura trois conséquences :

- d'abord, seul le client peut disposer de l'information : par exemple, un médecin commet un délit pénal s'il dit que Monsieur Untel est malade du Sida, mais Monsieur Untel a, lui, tout à fait le droit de dire sa maladie à qui il entend;
- ensuite, on ne peut pas l'opposer à l'intéressé lui-même, par exemple, toujours en matière médicale, le médecin ne peut révéler une information à des tiers mais il ne peut refuser un document médical au malade lui-même.
- troisième conséquence : le secret n'appartient pas à l'ensemble du service social (d'où la question de l'interdiction du secret partagé).

C'est ainsi, entre autres, que le Conseil d'État a estimé abusif le refus d'un service de santé scolaire de communiquer à un père les résultats d'examens médicaux sur son fils. [1]

6. Quel est le fondement du secret professionnel ?

Le secret professionnel ne vise pas principalement, contrairement à ce qui est couramment affirmé, à protéger l'intimité de la vie privée. Certes, cet objectif

1 C.E., 18 avril 1975, arrêt Sieur Guilhaume et dans le même sens, C.E., 12 novembre 1969, arrêt Pasquier

est présent et le positionnement de l'article 226-13 du code pénal dans la chapitre «*Des atteintes à la personnalité*» invite à cette interprétation.

En vérité, il s'agit avant de tout de crédibiliser une fonction sociale comme :

- la défense des droits et libertés avec le secret professionnel des avocats;
- le souci de garantir une information pluraliste à travers la protection des sources de l'information avec le secret professionnel des journalistes;
- la nécessité de faciliter à tous l'accès aux soins avec le secret médical, etc.

Du Nord au midi, de l'Ouest à l'Est, nous devons pouvoir trouver un défenseur de confiance, un médecin du corps ou de l'âme auquel nous pouvons confier sans crainte nos grands ou nos petits maux, savoir que notre presse est susceptible à tout moment de «*sortir*» des informations sans crainte pour ceux qui l'informent, etc. Tels sont certains des droits et des libertés autour desquels s'articule la démocratie française. Tout simplement, nous devons pouvoir avoir confiance dans tous ces professionnels qui, à un titre ou à un autre, pénètrent dans notre univers sinon dans notre intimité.

S'il s'agissait seulement de garantir la vie privée, l'usager pourrait dispenser l'intervenant social de le respecter. Tel avait été un temps le projet du nouveau code pénal. Le caractère absolu du secret professionnel se veut, en revanche, une règle d'ordre public au nom d'une fonction sociale à garantir de l'est à l'ouest, du nord au sud du pays. Seul l'usager est autorisé à révéler des éléments de sa vie privée. Toutefois, par une disposition spéciale du code pénal, la victime de sévices sexuels peut autoriser le médecin à parler (art. 223-14, 2e code pénal).

La fonction d'aide et de solidarité devient une fonction sociale reconnue par la loi et crédibilisée par l'obligation faite aux professionnels de taire ce qu'ils ont pu apprendre à l'occasion de leur intervention. Ainsi les usagers seront assurés a priori d'une attitude commune aux professionnels sur l'ensemble du territoire, même s'ils ne connaissent pas bien les professionnels qu'ils mobilisent; à la limite cette attitude de discrétion est un gage de professionnalisme.

7. Finalement la règle du secret professionnel vise-t-elle l'intérêt privé ou l'intérêt général ?

La doctrine du XIXème siècle privilégiait la thèse contractuelle, et cela était renforcé par la formulation de l'ancien article 378 qui visait «*les personnes dépositaires... des secrets qu'on leur confie*». Cette thèse faisait table rase du caractère d'infraction pénale de la révélation du secret. C'est l'intérêt général qui justifie principalement l'intervention de la loi pénale. Aussi la Cour de cassation a-t-elle rappelé dans de nombreux arrêts qu'il est institué «*dans un intérêt général et d'ordre public*» (Cass. crim., 17 juillet 1936, 12 avril 1951, 24 janvier 1957, 25 janvier 1968, 5 février 1970, 9 octobre 1979).

La nouvelle formulation contenue dans l'article 226-13 renforce cette interprétation en visant «*les informations à caractère secret*» : ce n'est plus la confidence qui fait le secret, c'est l'information elle-même qui est secrète par nature. On peut relever la formulation de la Cour de cassation «*les fonctionnaires de police sont tenus au secret professionnel en ce qui concerne les informations parvenues à leur connaissance dans l'exercice de leur profession et auxquelles la loi a conféré un caractère confidentiel dans un intérêt général et d'ordre public*» (Cass. crim., 7 novembre 1996, Gaz. Pal., 1997, 1, Chron., p. 65) [1].

8. Le secret professionnel est-il absolu ?

On dit communément que le secret professionnel est absolu au sens où il ne doit pas souffrir d'exception. On entend affirmer ainsi la vigueur de cette règle et bien marquer le risque qu'il y aurait à l'ignorer. En vérité, ce caractère absolu est tout relatif puisque des exceptions sont admises par la loi elle-même. Il est des cas où elle autorise à transgresser le secret professionnel, et même des situations où elle y oblige.

Elle y oblige notamment pour ce qui est des maladies contagieuses pour lesquelles une déclaration est obligatoire (art. L 10 à 18 du code de la Santé Publique).

Elle l'autorise dans d'autres situations.

Ainsi ne seront pas poursuivis pour violation du secret professionnel :

- Celui qui informe les autorités judiciaires, médicales ou administratives de mauvais traitements, sévices ou privations dont il a eu connaissance et qui ont été infligés :

---

1 Ce seuil de 15 ans désormais traditionnel peut surprendre, l'état de minorité s'étendant jusqu'à 18 ans. Le législateur semble penser qu'à partir de cet âge l'enfant disposerait des forces de s'auto-défendre et ne devrait pas être spécialement protégé. On sait qu'en 1981 la «*majorité sexuelle*» a été abaissée à 15 ans, le législateur se calant une nouvelle fois sur ce seuil d'âge.

- à un mineur de 15 ans;
- à une personne qui n'est pas en mesure de se protéger en raison de son âge, d'une incapacité physique ou psychique ou d'un état de grossesse (art. 226-14 et 434-3 C.P.);

- celui qui informe ces mêmes autorités de crimes (viol, meurtre, ...) quelle qu'en soit la victime (art. 434-1 C.P.);

- le médecin qui, avec l'accord de la victime, *«porte à la connaissance du procureur de la République les sévices qu'il a constatés dans l'exercice de sa profession et qui lui permettent de présumer que des violences sexuelles de toute nature ont été commises»* (art. 226-14 C.P.);

- l'élu ou le fonctionnaire (ou assimilé) qui informe le procureur d'un délit quel qu'il soit, dont il a eu connaissance dans l'exercice de ses fonctions. L'article 40 du code de procédure pénale crée en effet un signalement facultatif (dans la mesure où il n'institue pas de sanction). Il peut donc être utilisé par les travailleurs sociaux notamment des travailleurs sociaux notamment des Départements, qui se trouvent dans une zone d'exclusion des articles 226-14 et 434-1 du code pénal.

D'autres textes existent, qui obligent ou donnent la faculté de révéler les informations à caractère secret, notamment l'article 47 du statut des fonctionnaires, qui permet au Président du Conseil général de se faire communiquer les informations qui lui sont nécessaires (et elles seules) pour exercer ses fonctions.

Seules les personnes liées au secret ont seulement la faculté de signaler. Ont en revanche l'obligation de signaler ces faits au procureur :

- les professionnels de l'A.S.E. (signalement au procureur, via la hiérarchie);
- les personnels des associations habilités justice (Cour de cassation, 8 octobre 1997).

En outre, la faculté de signaler ne prive pas les professionnels de l'obligation de porter assistance à personne en péril de l'article 223-6 du code pénal.

Il y a donc possibilité de dénoncer, mais non obligation. Si l'intéressé se tait, il ne sera pas pénalement punissable; s'il parle en violation des dispositions sur le secret professionnel, il ne sera pas plus punissable car il y est justifié par la loi elle-même.

9. Le secret professionnel vise-t-il à garantir l'intimité de la vie privée ?

Non, le secret professionnel ne vise pas à garantir le secret de la vie privée - du moins pas comme objectif premier quoique cela soit souvent affirmé : il a pour but de crédibiliser une fonction sociale tenue pour essentielle comme celle de la liberté de la presse (on garantit l'anonymat des sources du journaliste), le droit à l'aveu et au pardon (secret du confesseur), le droit à des soins en toute confiance (le secret en matière médicale), le droit de se défendre par tout moyen (l'obligation au secret des avocats), etc.

Le développement du secret professionnel dans le champ social est la consécration d'une fonction sociale de première importance : il est indispensable que tous ceux qui sont en souffrance trouvent sur l'ensemble du territoire français un professionnel auquel ils peuvent se confier. L'extension du secret professionnel dans ce champ, après le champ médical, traduit une évolution dans les pratiques d'assistance. Dans cette période où le travail social est en première ligne pour réduire la fracture sociale, il prend encore plus d'importance.

L'usager ne peut pas dégager le professionnel du respect du secret. Il peut lui-même dire à qui il veut ce qu'il veut de sa situation. Mais si le professionnel parle, il est a priori punissable.

10. Le nouveau code pénal a-t-il changé profondément les règles du jeu ?

On a déjà relevé (cf. question 4) qu'il avait élevé le seuil des sanctions encourues. Quant aux règles elles-mêmes, il les a plutôt clarifiées.

Si l'on veut résumer, l'apport essentiel du nouveau code pénal tient bien dans le fait d'avoir dénoué l'interrogation suivante sur laquelle les professionnels et les juristes butaient : celui qui est tenu au respect des informations recueillies au risque d'être pénalement répréhensible peut-il néanmoins dans certains cas, comme dans celui des violences à enfant, être tenu de parler comme n'importe qui ?

La plupart des juridictions répondaient oui dans la dernière période : le secret professionnel ne fait pas obstacle à l'obligation de parler.

Le nouveau code pénal s'aligne sur la position de la Cour de Cassation : de ce point de vue, le secret professionnel est «*absolu*». Enfin, c'est une façon de dire ! (voir question 6).

Quand on doit se taire, on ne peut pas être contraint de parler; tout au plus peut-on estimer bon de parler. En d'autres termes, au regard du droit pénal - on verra plus loin combien cette nuance est essentielle -, il n'y a pas obligation, mais possibilité de parler.

Celui qui, tenu au secret professionnel, informe les autorités administratives, médicales ou judiciaires (et elles seules) sur des violences - donc viole la loi - ne sera pas punissable. Il y est autorisé par la loi. A l'inverse, s'il respecte l'ordre de se taire, il ne sera pas punissable au nom de l'obligation de dénoncer. Il lui reviendra seulement de faire la preuve qu'il n'est pas resté indifférent. Par l'interposition, par la mobilisation des services responsables ou tout autre moyen, il devra établir qu'il a veillé à protéger la personne pour que les violences dont il avait connaissance ne se renouvellent pas.

En d'autres termes, la loi nouvelle renvoie le travailleur social tenu au secret à faire le choix de l'attitude à tenir. Pour se décider, ce professionnel tiendra compte de l'analyse qu'il fait de la situation au regard des objectifs auxquels il doit répondre, il interrogera sa conscience - son éthique -, il tiendra compte des règles applicables dans sa profession - sa déontologie -; il prendra également en compte les pratiques de son service - l'éthique de service ou le règlement intérieur -; il aura également en tête les obligations qui découlent pour lui de son contrat de travail tellement il est vrai qu'aucun travailleur social n'est aujourd'hui en situation libérale. Pour ne pas avoir les mêmes conséquences que le droit pénal, le droit du travail ne saurait donc être négligé. Il tient même une place essentielle dans le quotidien puisqu'il cadre les termes de l'intervention du salarié social. Or, il est évident que l'employeur ou le supérieur hiérarchique, qui a lui-même des responsabilités, voudra savoir pour agir et attendra donc du préposé qu'il l'informe en conséquence; à défaut, il aura tendance à réagir. On sera alors dans le registre disciplinaire et non dans le registre pénal. La nuance est de taille.

Celui qui n'est pas tenu au secret n'a pas d'état d'âme à avoir : il est tenu de parler dès qu'il a connaissance des mauvais traitements. Ceux qui recevront ces informations assumeront leurs responsabilités. En pratique, se posera la question de savoir quand l'intéressé a su ou a pu légitimement avoir des inquiétudes sur la réalité de cette maltraitance. Là encore appréciation subjective qui dépendra des éléments de faits rapportés et du professionnalisme reconnu à l'intervenant.

Prenant du recul, il faut ici rappeler une donnée du jeu social : la société énonce des règles du jeu; elle impose des comportements ou interdit certaines attitudes; elle n'hésite pas à prévoir des sanctions plus ou moins sévères. Reste qu'on peut toujours décider de ne pas respecter ces règles, mais il faut s'attendre - quitte à ne pas le souhaiter et à veiller à justifier sa position - à ce qu'elle vous demande de rendre des comptes sur votre attitude. Cela n'a rien que de normal. Cela n'est pas nécessairement infamant. On voit même régulièrement des professionnels revendiquer d'être poursuivis en justice, non par masochisme, mais pour faire reconnaître la légitimité de leur acte. Sans le revendiquer, les circonstances de la vie peuvent produire cet effet. Qu'on veuille bien se souvenir des poursuites engagées devant le tribunal pour enfants de Bobigny en 1973 à l'égard d'une jeune fille mineure qui «*revendiquait*» d'avoir fait pratiquer sur elle une interruption volontaire de grossesse. On sait qu'après la relaxe intervenue, la législation sur l'IVG devait basculer. La justice avait joué son rôle de forum et de catharsis du débat social.

En d'autres termes, sans le rechercher, le passage en correctionnelle peut également s'inscrire dans une démarche professionnelle. Reste qu'on peut souvent répondre autrement aux besoins d'avancée de la loi.

11. Si mon client m'autorise à dire ce qu'il y a dans son dossier alors que je suis tenu au secret professionnel, serai-je dispensé de peine ?

Pas nécessairement : en droit, même avec leur accord, on n'est pas justifié à révéler des informations que l'on recueille sur les gens à l'occasion d'une intervention professionnelle.

L'intéressé a largement la possibilité de parler ou de s'exprimer personnellement sous d'autres formes s'il l'estime bon sans que le travailleur social ne lui serve de porte-voix.

En fait, dans l'hypothèse où vous vous exprimeriez d'une manière ou d'une autre avec l'aval explicite et non contesté de l'intéressé, il serait étonnant qu'il y ait des poursuites à votre encontre. Si cela était le cas - c'est-à-dire par définition à l'initiative du parquet - vous pourrez expliquer au tribunal pourquoi vous avez été amené à parler en violation du secret. Si vos explications sont crédibles, si vous n'étiez pas purement et simplement relaxé l'infraction étant constituée, vous serez éventuellement condamné, mais dispensé de peine. C'est-à-dire que le tribunal vous rappellera l'interdit si vous l'aviez oublié, mais tiendra compte des raisons pour lesquelles vous avez été amené à franchir la ligne blanche continue de la loi.

II. - QUI EST ASTREINT AU SECRET PROFESSIONNEL ?

12. Qui est tenu au secret professionnel ?

A. Question particulièrement délicate à cerner dans la mesure où il n'y a pas de liste exhaustive, mais des textes épars, de nombreuses lois et décrets qui se sont régulièrement enrichis, toujours avec un temps de retard par rapport à l'apparition de nouvelles professions. Il pouvait difficilement en être autrement.

L'ancien code pénal, nous l'avons vu, procédait à l'énumération de professions liées au secret. Le nouveau code fait fi de ces considérations. Ce qui importe désormais, c'est le cadre dans lequel la personne a eu connaissance de l'information à caractère secret : son état, sa profession, sa fonction ou sa mission. De là, et en l'absence d'une jurisprudence qui réponde à cette question générale, nous avons opté pour l'interprétation stricte qui doit présider en matière pénale, et nous considérons qu'il faut rechercher au cas par cas dans d'autres textes, voire dans la jurisprudence la liste des personnes qui sont tenues au secret. Signalons que cette interprétation n'est pas générale [1].

Cette caractéristique n'a pas été fondamentalement modifiée dans la période récente. Elle a même été accentuée. La liste légale - éparpillée par ailleurs entre plusieurs codes - est insuffisante à recouvrir tous ceux qui sont astreints au secret. Aussi c'est donc souvent a posteriori que l'on saura si tel ou tel était tenu au secret professionnel.

Avant d'entreprendre un recensement le plus exhaustif possible des personnes formellement tenues de par la loi, il faut introduire ici un élément essentiel : dès lors qu'on est en matière pénale - n'oublions jamais que la violation de l'obligation de conserver le secret professionnel est sanctionnée par une peine - les juges se doivent d'avoir une approche restrictive. En effet, au nom de la protection des libertés individuelles, le droit pénal, dès lors qu'il pose des interdits et prévoit des sanctions, doit être pris au pied de la lettre.

C'est donc un paradoxe que les magistrats seront plutôt peu enclins à condamner au nom de la violation du secret quand les professions souhaiteront être légitimées en se voyant appliquer les foudres du secret professionnel ! En fait, on sait que c'est plutôt autour du témoignage en justice que se cristallise le débat.

B. Initialement, l'article 378 de l'ancien code pénal avait astreint au secret professionnel les médecins, chirurgiens, officiers de santé, sages femmes, pharmaciens et toute personne dépositaire par état ou par profession, par fonctions temporaires ou permanentes du secret qu'on leur confie.

1. Contra Dominique Thouvenin, in Révélation d'une information à caractère secret. Ed. du Juris-Classeur, 1998.

Des textes ultérieurs - signes d'une relative démédicalisation des interventions sociales et de la montée parallèle du travail social - avaient lié à la même obligation de secret :

- les assistantes sociales (article 225 C.F.A.S.);
- le personnel de P.M.I. (article 187 code de la Santé Publique);
- le personnel des établissements d'aide sociale (article 209 C.F.A.S.).

La jurisprudence a étendu cette obligation aux ministres du culte et aux avocats tandis qu'un arrêt isolé de 1971 excluait les éducateurs du secret professionnel.

Le nouvel article 222-13 du code pénal rompt avec l'énumération de professions, mais s'attache à affirmer que le secret est lié à un état, une profession, une fonction, une mission. Par «*état*» on entend notamment les ministres du culte; par profession ou fonction, il faut entendre les professions pour lesquelles un texte spécifique prévoit l'obligation du secret.

On ne s'arrêtera dans la présentation qui suit - puisque tel est l'objet de l'ouvrage - qu'aux professions ou missions relevant de l'action sociale.

1. Ainsi, sont expressément visées par la loi, comme soumises au secret professionnel, les personnes assumant les professions ou les fonctions suivantes :

   - les assistants de service social et les élèves des écoles se préparant à l'exercice de cette profession (article 225 du code de la Famille et de l'Aide sociale);
   - les fonctionnaires des trois fonctions publiques (État, territoriale, hospitalière), qui sont soumis au secret professionnel «*dans le cadre des règles*

instituées par le code pénal» (article 26 de la loi n° 83-634 du 13 juillet 1983) et à une obligation de discrétion professionnelle *«pour tous les faits, informations ou documents dont ils ont connaissance dans l'exercice ou à l'occasion de l'exercice de leurs fonctions»*;

- les personnes appelées à collaborer au service départemental de protection maternelle et infantile (article L. 188 du code de la Santé publique), à transmettre les dossiers médicaux des enfants (article L. 151 du C.S.P.), à prendre connaissance du carnet de grossesse (article L. 155 du C.S.P.), à transmettre l'attestation de passation du premier examen médical prénatal (article L. 157 du C.S.P.), à prendre connaissance des renseignements du carnet de santé du jeune enfant (article L. 163 du C.S.P.) ou à transmettre un certificat de santé (article L. 165 du C.S.P.);
- les agents du Service national d'accueil téléphonique pour l'enfance maltraitée (SNATEM) (article 71 du C.F.A.S.);
- toute personne appelée à intervenir dans l'instruction des demandes ou l'attribution de l'allocation, ainsi que dans l'élaboration, l'approbation et la mise en oeuvre du contrat d'insertion et toute personne à laquelle a été transmise la liste des personnes percevant une allocation de R.M.I. (article 22 de la loi du 1er décembre 1998, complété par la loi du 29 juillet 1992);
- toute personne appelée à intervenir dans l'instruction, l'attribution ou la révision des admissions à l'aide sociale ainsi que les personnes dont le concours est utilisé (article 135 du C.F.A.S.);

- les personnes chargées de la surveillance dans les établissements hébergeant des personnes âgées, des adultes infirmes, des indigents valides et des personnes accueillies en vue de leur réadaptation sociale (articles 207 et 209 du C.F.A.S.);
- les membres de la commission départementale des hospitalisations psychiatriques (article 332-2 du C.S.P.);
- les personnes entendues par le conseil de famille des pupilles de l'État (assistante maternelle, futur adoptant, etc .) (article 9 du décret n° 85-937 du 23 août 1985);
- les agents de la sécurité sociale (articles L. 243-13 et L. 243-14 de la sécurité sociale);
- les agents de probation (article D. 594 du code de procédure pénale);
- les travailleurs sociaux dans le cadre des établissements pénitentiaires (article D. 462 du code de procédure pénale);
- les membres de la COTOREP (article L 323-13 du code du travail).

A noter, enfin, que les informations nominatives à caractère sanitaire et social détenues par les services des affaires sanitaires et sociales sont protégées par le secret professionnel (article 47 de la loi du 22 juillet 1983).

Voilà pour ceux qui sont tenus de par leur profession ou leur état.

2. A ceux là s'ajoutent ceux qui sont tenus du fait de leur mission.

La loi étend le secret professionnel à la «*mission*», notion qui sera précisée par la jurisprudence ou par la loi et qui devrait conduire à soumettre au secret de nouvelles personnes.

Ainsi, la nouvelle rédaction de l'article 80 du C.F.A.S., issu de la loi du 6 janvier 1986 (voir ci-après), vise *«les personnels participant aux missions de l'aide sociale à l'enfance»*. Seront donc, dans ce cadre, soumis au secret professionnel les éducateurs, les psychologues, les assistantes maternelles ou encore les secrétaires, les chauffeurs, personnels des services généraux des établissements habilités.

Plus que jamais la lecture du code pénal (article 226-13 précité) montre bien qu'il serait plus exact de parler de secret missionnel ou fonctionnel que de secret professionnel. Il ne s'agit pas d'une subtilité de mots, mais de la conséquence de l'évolution même de l'exercice des missions sociales.

En effet, aujourd'hui, c'est moins la qualité professionnelle de l'intervenant que la mission qui lui est confiée ou la fonction qu'il occupe par-delà son statut personnel qui fait son rapport à la confidentialité des informations détenues.

Prenons d'abord l'exemple de l'éducateur. En tant que tel il n'est pas tenu au secret. Il n'est pas sur les listes dressées par la loi et la jurisprudence lui a refusé *«ce bénéfice»*. En revanche, s'il travaille pour l'Aide sociale à l'enfance - de ce seul fait - comme tous ceux qui contribuent à l'Aide sociale à l'enfance et la P.M.I. (article 80 C.F.A.S.), il est tenu de se taire au risque de poursuites pénales. Ainsi l'éducateur qui travaille dans une Équipe ou Club de prévention - et participe ainsi à la mission de prévention explicitement imposée à l'ASE - doit maintenant être considéré comme tenu au secret professionnel.

A l'inverse, l'arrêt d'Angers a bien rappelé que le médecin-psychiatre d'un service de placement familial spécialisé était certes, comme médecin, tenu au respect du secret professionnel, mais exerçant son art dans le cadre d'un contrat de travail passé avec une institution elle-même habilitée à exercer une mission de service public et recevant des enfants confiés sur décision judiciaire, il ne pouvait pas opposer de secret professionnel au procureur ou au juge des enfants.

Il sera intéressant de voir si la Cour de cassation saisie d'un recours retiendra cet argumentaire pour justifier une sanction pénale. On peut en douter.

Faut-il ajouter que selon la mission - aide, expertise, enquête - l'intervenant n'est pas tenu de la même manière à l'obligation de taire les informations recueillies.

Pour dire les choses d'une manière un peu triviale : ce n'est pas la carte d'identité professionnelle qui fait le rapport au secret, mais bien d'abord la mission ou la fonction que l'on exerce. C'est là que les juges vont, au final, disposer d'un pouvoir d'appréciation.

On observera donc que le nombre des personnes tenues au secret professionnel s'étend régulièrement.

13. Quelle différence entre «*fonction*» et «*mission temporaire*» ?

La fonction désigne une charge, une tâche, un travail : ainsi être maire, président de la C.D.E.S., de la COTOREP, du conseil de famille, ... ne constituent ni un état, ni une profession, ce sont des fonctions.

La mission quant à elle est plus limitée dans le temps; elle peut concerner un collaborateur occasionnel.

14. Quels sont les différents «mandats» qui peuvent être donnés à un travailleur social ?

Un travailleur social peut exercer des missions (puisque tel est le terme) diverses :

- aide en libéral (situation fort rare mais apparemment appelée à se développer à l'instar de ce que vivent d'autres pays d'Europe);
- aide à l'intérieur d'un service (auquel il doit rendre compte);
- investigation;
- expertise.

Bien évidemment, les règles du secret professionnel seront différentes. Notamment dans les deux dernières situations, investigation et expertise, il y a obligation de rendre compte à celui qui a commandité l'acte (par exemple, le magistrat qui ordonne une enquête), mais il y a toujours obligation de secret professionnel vis-à-vis des tiers.

15. Qu'est-ce qu'un «*confident nécessaire*» ?

C'est le terme que l'on employait sous l'ancien code pénal pour désigner ceux qui, par leur profession, étaient amenés à recevoir des confidences. L'ancien code parlait en effet, de «*secrets confiés*» (d'où l'appellation de «*confidents nécessaires*»).

Le nouveau code pénal mentionne seulement, comme étant tenues au secret professionnel, les personnes dépositaires «*d'informations à caractère secret*». Cela signifie - et en ce sens la loi consacre la jurisprudence - que le secret ne porte pas seulement sur ce qui est confié, mais aussi sur ce qui est découvert, appris, compris ou même deviné à l'occasion de l'intervention.

16. Qu'en est-il des éducateurs ?

Les éducateurs ne sont pas tenus es-qualité au secret professionnel dont il faut bien avoir présent à l'esprit qu'il s'agit d'une obligation sanctionnée pénalement qui est donc d'interprétation stricte. En revanche, ils doivent observer une obligation de discrétion.

Tel est le cas, par exemple, d'un éducateur travaillant en Centre d'Aide par le Travail (C.A.T.).

Dans un arrêt de 1971, la justice a refusé aux éducateurs le statut de «*confident nécessaire*», qu'ils travaillent dans la prévention spécialisée ou l'enfance inadaptée. «*Comme tout citoyen ils doivent donc répondre aux questions que leur pose régulièrement le juge*». [1] On verra (question 16), que s'agissant des éducateurs travaillant dans le cadre des Equipes et Clubs de prévention, cette jurisprudence pouvait être tenue comme dépassée.

17. Et pour ceux qui travaillent à l'Aide sociale à l'enfance ?

L'article 80 C.F.A.S. dispose que :

«*Toute personne participant aux missions du service de l'aide sociale à l'enfance est tenue au secret professionnel sous les peines et dans les conditions prévues par les articles 226-13 et 226-14 du code pénal. Elle est tenue de transmettre sans délai au président du Conseil Général ou au responsable désigné par lui toute information nécessaire pour déterminer les mesures dont les mineurs et leur famille doivent bénéficier, et notamment toute information sur les situations de*

1 Cour de cassation, Chambre criminelle, 4 novembre 1971.

mineurs susceptibles de relever de la section 5 du chapitre 1er du présent chapitre».

L'article 226-13 du code pénal n'est pas applicable aux personnes qui transmettent dans les conditions prévues par l'alinéa précédent ou dans les conditions prévues par l'article 78 du présent code».

Autrement dit, toute personne participant aux missions de l'aide sociale à l'enfance (c'est-à-dire inspecteur, assistante maternelle, secrétaire, psychologue, éducateur, chauffeur, personnel des établissements habilités, et bien évidemment les éducateurs, etc.) est tenue au secret professionnel (c'est-à-dire devoir de taire les informations à l'égard des tiers), mais est tenue de transmettre sans délai au président du Conseil général toute information permettant d'assurer la protection des mineurs maltraités ou suspectés de l'être.

Elles doivent donc garder le secret sauf vis-à-vis du président du Conseil général ou son représentant désigné envers lequel, au contraire, il y a obligation d'informer. En informant le président du Conseil général, ces personnes ne sont pas punissables devant le tribunal pénal pour violation du secret. Au contraire, en ne l'informant pas d'un situation de danger ou de mauvais traitement sur mineur - et pas seulement sur mineur de moins de 15 ans -, elles seraient punissables disciplinairement.

18. Un éducateur de rue informé d'infractions commises par ses jeunes doit-il les révéler ?

Selon le titre II du code de la famille et de l'aide sociale, la prévention est une des missions légales (art 40- 2 C.F.A.S.) et une des prestations (art 45 C.F.A.S.) de l'Aide sociale à l'enfance.

Depuis ces nouveaux textes, introduits dans le code par la loi du 6 janvier 1986 (appelée dans le milieu éducatif «*loi particulière*»), les choses sont donc claires et régies par l'article 80 du même code (voir question 15) : l'éducateur de rue, missionné, conventionné et financé par le Département au titre de l'Aide sociale à l'enfance, a la possibilité de dénoncer, mais non l'obligation de le faire.

En revanche, cet éducateur a l'obligation d'empêcher les crimes et de porter secours à toute personne en péril, et aussi obligation d'informer le président du Conseil général ou la personne désignée par lui des situations de mineurs en danger. Dans ce cas, rappelons-le, l'obligation ne vise pas seulement les moins de 15 ans.

Observons que récemment, le Conseil d'Etat [1] a justifié le licenciement pour faute grave d'un moniteur-éducateur qui travaillait dans une institution pour enfants pour avoir dénoncé à la police des jeunes de l'établissement qui avaient commis des délits. Il lui a été reproché par son employeur privé d'avoir violé la règle interne qui veut que la hiérarchie soit prévenue de façon à apprécier les démarches à engager. Directement et de son propre chef, le moniteur-éducateur n'était pas autorisé à prévenir la police. Si le contrat de travail prévoit une telle disposition, on peut comprendre qu'il y ait eu sanction, mais de là à estimer qu'il y a eu faute grave justifiant le licenciement, il y a là un excès préoccupant.

En tout état de cause, quelle que soit la solution retenue, l'éducateur ne peut pas donner l'impression aux jeunes qu'il ferme les yeux ou qu'il cautionne leur attitude. Et une chose est certaine de longue date, le moniteur-éducateur ne peut pas «*accompagner*» les jeunes qu'il

1 Conseil d'Etat 12 avril 1995.

connaît sur le terrain de leur éventuelle délinquance ! Il risque d'être tenu pour complice.

19. Et dans la P.M.I. ?

Avec la P.M.I. (Service de protection maternelle et infantile), service décentralisé également placé sous la responsabilité du président du Conseil général, on est dans la même situation que pour l'A.S.E. Le code de la Santé publique astreint au secret professionnel toutes les personnes appelées :

- à collaborer au service départemental de protection maternelle et infantile (article L. 188 du code de la Santé Publique),
- à transmettre les dossiers médicaux des enfants (article L. 151 du C.S.P.),
- à prendre connaissance du carnet de grossesse (article L. 155 du C.S.P.),
- à transmettre l'attestation de passation du premier examen médical prénatal (article L. 157 du C.S.P.),
- à prendre connaissance des renseignements du carnet de santé du jeune enfant (article L. 163 du C.S.P.)
- ou à transmettre un certificat de santé (article L. 165 du C.S.P.).

Il s'agit des médecins, sages-femmes, assistantes sociales, puéricultrices, qui sont déjà astreints au secret «*par profession*», mais aussi des vacataires divers et personnels d'accueil et de secrétariat. Ils sont cependant tenus à une obligation disciplinaire d'informer le médecin chef de service de sévices ou privations dont ils ont connaissance : «*Chaque fois que le personnel du service départemental de P.M.I. constate que la santé ou le développement de l'enfant sont compromis ou menacés par des mauvais traitements, et sans préjudice des compétences ou de la saisine de l'autorité judiciaire, le personnel en rend compte sans délai au médecin, chef de service, qui provoque d'urgence toutes mesures appropriées*» (art. L. 152, al. 2 du code de la Santé publique).

20. Les assistantes maternelles sont-elles tenues au secret professionnel ?

Tout dépend de leur situation professionnelle, suivant qu'elles font de l'accueil discontinu (à la journée), continu ou dans le cadre de l'aide sociale à l'enfance.

1. Les assistantes maternelles qui accueillent des enfants à la journée, pour le compte direct des parents (le code indique «*employées par des particuliers*»), ne sont soumises au secret professionnel par aucun texte. Certes, elles étaient visées par l'ancien article L. 187 du code de la santé publique (qui mentionnait expressément «*les nourrices et les gardiennes*»), mais elles n'ont pas été reprises dans le nouvel article L. 188 qui soumet aux règles du secret professionnel «*toute personne appelée à collaborer au service départemental de protection maternelle et infantile*». En effet, elles sont contrôlées par ce service, mais n'en font pas partie, et on ne peut astreindre le contrôle aux mêmes règles que le contrôleur.

Il en découle qu'elles ont une obligation d'informer les autorités des mauvais traitements ou privations infligés aux mineurs, alors que si elles étaient tenues au secret, elles en seraient dispensées (art. 434-3 C.P.). En revanche, elles ont une obligation de discrétion professionnelle et de respect de la vie privée (art. 8 C.C.).

2. Les assistantes maternelles employées par une crèche familiale ne sont pas non plus tenues au secret

professionnel. Elles ont les mêmes obligations que celles qui sont employées par des particuliers (information des autorités en cas de mauvais traitements, discrétion professionnelle) plus une obligation hiérarchique de rendre compte à leur employeur.

3. Les assistantes maternelles qui travaillent dans le cadre de l'aide sociale à l'enfance, c'est-à-dire,

- soit qui sont employées par les départements;
- soit qui sont employées par une association habilitée par le département,

sont quant à elles expressément tenues au secret professionnel par l'article 80 du code de la famille et de l'aide sociale.

Ajoutons que toutes les personnes qui vivent sous leur toit (mari, enfants, ...) et qui forment avec elles une famille d'accueil, sont tenues aux mêmes obligations.

En revanche, elles ont l'obligation de rendre compte au Président du Conseil général ou à ses services de tout fait qui laisse présumer des mauvais traitements.

21. Quid des «*travailleurs sociaux*» travaillant dans des associations ?

Deux situations peuvent se présenter selon que l'association dont il s'agit participe ou ne participe pas aux missions de l'A.S.E. ou de la P.M.I. ou à l'instruction des demandes de R.M.I. :

- dans l'affirmative, tous ses membres sont tenus au secret professionnel;
- dans la négative, seules les personnes expressément tenues au secret professionnel par un texte spécifique (médecins, sages-femmes, assistantes sociales) sont

astreintes au secret professionnel; les autres (bénévoles, secrétaires, psychologues) sont tenues à une simple obligation de discrétion, c'est-à-dire qu'en cas de violation, elles peuvent engager leurs responsabilités civile et disciplinaire, mais pas leur responsabilité pénale.

22. Et les administrateurs ou cadres d'une association ?

On doit reprendre les hypothèses précédentes. Les administrateurs ou cadres d'une association sont à tout le moins tenus à une obligation de discrétion.

On peut même parler pour eux de secret professionnel si l'association participe des missions de l'A.S.E. ou de la P.M.I. ou du dispositif R.M.I.

Autrement dit, ils ne sont pas tenus au secret «*par profession*», mais ils peuvent l'être «*par mission*».

23. Comment savoir si je suis tenu au secret professionnel ? Y a-t-il une liste des personnes tenues de se taire ?

Vous ne trouverez pas de liste officielle et unique, mais des textes spécifiques pour chaque profession, ou mission. L'essentiel en est rapporté à la question n° 11.

Pourquoi la loi n'a-t-elle pas pu arrêter une bonne liste ?

Elle s'y est évertuée - il suffit de relire l'ancien article 378 du code pénal -, mais elle a touché les limites de l'exercice.

L'évolution moderne du travail social avec l'apparition régulière de nouveaux métiers sociaux - les chefs de projets de quartier, les auxiliaires de vie, les médiateurs, etc. - pour ne citer que quelques-uns des plus récents - rend difficile l'établissement d'une liste définitivement acquise. C'est donc bien toujours a posteriori que s'appréciera, notamment à travers les attitudes et décisions judiciaires, qui est tenu ou qui n'est pas tenu par l'obligation de se taire. On sait que s'agissant d'une disposition pénale, l'interprétation devra nécessairement en être très stricte.

En d'autres termes, alors que certains souhaiteraient être obligés au secret professionnel pour justifier leur refus de témoigner en justice et de collaborer à l'oeuvre de justice, les magistrats leur répondront qu'ils ne sont tenus qu'à une obligation de discrétion qui ne les relève pas de l'obligation de témoigner.

24. Si l'on n'est pas tenu au secret, est-ce à dire que l'on peut pour autant parler librement de ce qu'on a appris ?

Non : chacun a un devoir de discrétion et une obligation de ne pas porter atteinte à la vie privée - droit fondamental dans une société comme la nôtre - qui comporte notamment la réputation, l'honneur, la tranquillité, le droit à l'image. (art 9 du code civil).

Chacun peut engager sa responsabilité civile, sur la base des articles 1382 et suivants du code civil pour les dommages causés à autrui dès lors que l'on aura révélé des éléments de la vie privée ou de l'état de santé quand cela ne s'imposait pas.

Il est très rare jusqu'à présent que des usagers du social, s'estimant victimes de ce comportement peu discret, aient portés plainte et obtenu des dommages-intérêts. Pour autant, il faut s'attendre à ce que cette donnée évolue : de plus en plus «*critiques*» à l'égard de ceux qui sont en situation professionnelle d'apporter aide et assistance, les usagers ne manqueront pas dans l'avenir de demander des comptes sur la qualité de la réponse qui leur aura été apportée au regard de celle qui leur avait été présentée ou à laquelle ils pouvaient normalement s'attendre. Comme dans le médical, on verra poindre des demandes de réparation en cas de préjudice. Ce sera le cas lorsque quelqu'un estimera que l'on ne devait pas révéler un élément de sa vie privée même pour lui procurer un avantage. La fin ne justifie pas tous les moyens !

25. Les fonctionnaires ne sont-ils pas tenus à une obligation de discrétion par un texte spécial ?

C'est exact : la loi n°83-634 du 13 juillet 1983 portant droits et obligations des fonctionnaires soumet les agents des trois fonctions publiques - Etat, territoriale et hospitalière - au secret professionnel «*dans le cadre des règles instituées par le code pénal*» (article 26 de la loi n°83-634 du 13 juillet 1983) et à une obligation de discrétion professionnelle «*pour tous les faits, informations ou documents dont ils ont connaissance dans l'exercice ou à l'occasion de l'exercice de leurs fonctions*».

26. Quelle différence entre le secret professionnel et la discrétion professionnelle à laquelle sont astreints les fonctionnaires ?

Tout d'abord, secret professionnel et discrétion professionnelle n'ont pas le même objectif. Ainsi que l'écrit Jean-Michel de Forges «*le secret professionnel protège les secrets des personnes; la discrétion professionnelle protège les secrets de l'administration*».

En deuxième lieu, ils ne seront pas sanctionnés par les mêmes instances : la violation du secret professionnel est un délit pénal qui expose à amende ou prison, le manquement à la discrétion professionnelle expose à des sanctions disciplinaires.

27. On parle parfois de «*droit de réserve*» à propos des fonctionnaires. Qu'en est-il exactement ?

L'obligation de réserve, car c'est une obligation et non un droit, est la limite à la liberté d'expression des fonctionnaires. Ceux-ci ont en effet une liberté de pensée et d'agir, dans le domaine personnel, religieux, politique, syndical.

Mais en tant que représentants de l'État et de la puissance publique, ils ont un devoir de modération dans l'expression de leurs opinions. On comprend que cette obligation soit d'autant plus forte que leur rang est plus élevé dans la hiérarchie. Cette obligation s'exerce dans l'exercice de ses fonctions, vis-à-vis des administrés, et aussi en dehors de cet exercice, y compris dans la vie privée où un haut fonctionnaire doit s'abstenir de manifestations violentes ou partisanes.

28. Les fonctionnaires n'ont-ils pas des obligations particulières de dénoncer crimes et délits connus à l'occasion de leur activité professionnelle ?

Si, l'article 40 du code de procédure pénale édicte que : «*Toute autorité constituée, tout officier public ou fonctionnaire qui, dans l'exercice de ses fonctions, acquiert la connaissance d'un crime ou d'un délit est tenu d'en donner avis sans délai au procureur de la République et de transmettre à ce magistrat tous les renseignements, procès-verbaux et actes qui y sont relatifs*».

Toutefois, il faut remarquer que ce texte

- figure dans le code de procédure pénale, et non dans le code pénal,
- dans le chapitre sur les attributions du procureur de la République,
- et qu'il n'est assorti d'aucune sanction.

Certains interprètent ce texte au sens que le fonctionnaire doit informer le procureur des crimes et délits commis dans le fonctionnement du service public.

29. Jusqu'où le médecin-psychiatre qui travaille en institution est-il tenu au secret professionnel ?

Il est d'abord tenu au secret médical. A ce titre, il ne pourra transmettre les informations médicales, outre à la personne concernée, qu'à des confrères dans le cadre thérapeutique (et uniquement dans ce cadre) et sous les formes adaptées à la discrétion qui s'impose, mais il doit aussi mettre son employeur en situation d'exercer les responsabilités qui découlent de la mission confiée à la structure. En pratique, il doit s'adresser au directeur de l'institution qui doit être garant du respect de la mission reçue.

Attention : la communication d'informations à caractère secret entre personnes astreintes au secret professionnel n'est justifiée (et donc dépénalisée) que si elle est en rapport avec la mission d'aide ou de soins. Autrement dit, un médecin ou un travailleur social soumis au secret professionnel commet une faute pénalement punissable s'il révèle à une autre personne, même tenue par ailleurs au secret professionnel, des éléments à caractère secret sans rapport avec leur mission commune. La transgression du secret professionnel n'est autorisée que pour permettre la poursuite d'une thérapie ou d'un soin.

On ne peut tout se dire entre travailleurs sociaux ou médecins s'il n'y a pas l'accord de l'intéressé et une nécessité thérapeutique ou d'aide à ce partage.

De son côté, la direction de l'établissement ou de l'équipe doit prendre des précautions pour que les informations à caractère médical ne soient pas accessibles par tous. Ainsi commettrait une faute le directeur qui obligerait à l'ouverture systématique de tous les courriers reçus par le service et à la mise à disposition de ce courrier dans un secrétariat commun accessible à tout un chacun. De même les carnets de santé ne peuvent être communiqués qu'aux parents ou aux personnels de santé (article L. 153 du code de la Santé publique).

30. Les psychologues ont-ils un secret professionnel spécial ?

Non, il n'y a pas de texte législatif spécifique aux psychologues. Ils peuvent donc être astreints au secret professionnel uniquement en raison de la mission à laquelle ils participent éventuellement (P.M.I., A.S.E., hospitalière, etc.).

Bien évidemment, ils ont toujours une obligation de discrétion.

31. Ceux qui interviennent au nom d'une association de bénévoles sont-ils tenus au secret ? Que se passe-t-il s'ils dévoilent ce qu'ils savent sous le sceau de la confidentialité ?

Non, les bénévoles ne sont pas tenus au secret «*professionnel*» puisque, justement, ce ne sont pas des professionnels (ce qui n'exclut pas qu'ils puissent être compétents ou qualifiés).

Rappelons que le secret professionnel a pour premier objectif d'assurer la crédibilité de certaines professions.

Toutefois, ils peuvent l'être au titre d'une mission. Par exemple, pour les associations qui participent à l'instruction des demandes d'allocation de RMI et aux commissions locales d'insertion (C.L.I.) comme le Secours catholique, le Secours populaire ou les Restaurants du Coeur.

Ils sont alors tenus au secret professionnel par un texte spécifique (article 22 de la loi du 1er décembre 1988).

S'ils ne sont pas tenus au «*secret professionnel*», les militants associatifs sont strictement tenus à une obligation de discrétion et peuvent, bien sûr, être poursuivis sur la base de l'article 9 du code civil s'ils portent atteinte au respect de la vie privée.

32. On parle maintenant de «*secret missionnel*». Quelles missions vise-t-on ?

Il nous semble en effet qu'il est plus conforme à la réalité de parler de secret missionnel que de secret professionnel dans la mesure où c'est moins la carte d'identité professionnelle de l'individu qui détermine ses obligations de respect de la confidentialité que la mission qu'il exerce.

On a vu en effet que sont tenus au secret professionnel tous ceux qui, quelle que soit leur profession, participent à des missions qui impliquent qu'ils soient dépositaires d'informations à caractère secret. Tel est le cas des personnes qui participent aux missions de l'Aide sociale à l'enfance (définies à l'article 40 du code de la Famille et de l'Aide sociale : soutien, prévention, protection, accueil, prévention des mauvais traitements à enfant), de la P.M.I. ou du R.M.I. (instruction des demandes d'allocation, mise en oeuvre du contrat d'insertion).

III. - SUR QUOI PORTE LE SECRET PROFESSIONNEL ?

33. Qu'est-ce qu'un fait couvert par le secret ?

Le secret porte déjà, et c'est la moindre des choses, sur les informations communiquées, apprises par le «*propriétaire*» de l'information ou tous ceux qui ont connaissance de sa situation dans le cadre de l'exercice de leur profession ou mission. Mais en vérité le champ des informations concernées par le secret est bien plus large.

Le nouveau code pénal, dans son art 226-13, parle des «*informations à caractère secret*» et non plus des «*secrets confiés*».

Reste que la loi ne définit pas ce qu'elle appelle «*les informations à caractère secret*». En substituant ces termes à ceux de «*secret confiés*» de l'ancien code, le législateur, confirmant l'évolution jurisprudentielle, a bien voulu souligner qu'il s'agissait des éléments de vie privée connus ou appris, mais également compris ou devinés à l'occasion de l'exercice de la profession (Arrêt de la chambre criminelle de la Cour de cassation du 19 décembre 1985).

Bien évidemment, le secret touche à la mission d'aide ou de soin mais non à ce qui constitue l'enquête, l'investigation ou l'expertise où il y a bien sûr, obligation de rendre compte à l'autorité qui a délivré la mission. Mais, même dans ce cas, il y a obligation de secret professionnel vis-à-vis des tiers.

34. Quel est le domaine du secret professionnel ?

L'ancien code pénal retenait la notion de «*secret confié*». Le nouveau lui a substitué celui d'information à caractère secret par une personne qui en est dépositaire par état, possession, fonction, mission temporaire, ...

Pour qu'il y ait délit de violation du secret professionnel, il faut donc qu'il y ait révélation

- d'une information à caractère secret,
- apprise dans le cadre professionnel.

35. Tout ce que j'apprends à l'occasion de mon activité professionnelle est-il couvert par le secret professionnel ?

Non, le code pénal ne vise que «*les informations à caractère secret*». Je peux avoir connaissance professionnellement d'informations à caractère public dont la révélation n'est pas un délit. Les informations à caractère secret sont celles «*auxquelles la loi a conféré un caractère confidentiel*».

Ce sont notamment, mais pas seulement, celles qui touchent à la vie privée.

C'est ainsi qu'un responsable administratif peut exiger de ses travailleurs sociaux le relevé des visites effectuées ou des personnes reçues en consultation sans qu'on puisse lui opposer le secret professionnel.

Il en est de même pour un directeur d'hôpital qui veut connaître l'activité d'un service de chirurgie ou d'un contrôleur du fisc qui vérifie l'activité de praticiens. L'exploitation de ces documents «*qui ne comportent aucun renseignement d'ordre médical sur les patients*» ne saurait constituer la révélation d'un fait secret (Cass. crim., 29 avril 1995, Juris Data n° 002851).

36. Si je divulgue une information couverte par le secret professionnel, mais susceptible d'être connue par ailleurs, est-ce que je commets un délit ?

Oui, le fait qu'une information soit susceptible d'être connue ne lui enlève pas son caractère secret. En effet, le fait que cette information soit confirmée par un professionnel lui donne une authentification nouvelle.

Deux arrêts de la Cour de cassation sont en ce sens (8 février 1994 et 22 novembre 1994) «*la connaissance des faits par d'autres personnes n'était pas de nature à leur enlever leur caractère confidentiel et secret*».

Il en va différemment s'il s'agit d'une information publique - par exemple d'une nomination ou d'une condamnation - même apprise professionnellement.

37. A qui le secret professionnel est-il opposable ?

A priori, on est tenu de garder la confidentialité des informations détenues devant toute personne qui n'est pas elle-même tenue au secret professionnel et on ne doit communiquer des informations que dans les cas prévus par la loi et par rapport à des objectifs bien circonscrits. En d'autres termes, le champ est très restreint des personnes qui sont légitimes d'accéder à ces informations. Aucune autre n'y a droit.

En revanche, l'intéressé ne peut pas se voir opposer le secret professionnel, contrairement à une mention trop souvent rencontrée dans le passé sur la page de garde d'enquêtes sociales ou autres rapports qui seraient à «*ne pas communiquer à l'intéressé*» ! Au contraire, tout intéressé a le droit absolu d'avoir connaissance des informations qui le concernent et qui sont contenues dans son dossier social ou médical. Facile à poser, ce principe est cependant parfois difficile à mettre en oeuvre. Ne fut-ce que, dans le domaine social, parce que des informations sont contenues dans le dossier qui ne le concernent pas seulement mais vise aussi ses proches.

Ainsi, une enquête sociale vise plusieurs protagonistes et des informations qu'elle contient concernent, par exemple, le beau-père ou la belle-mère, qui doivent ne pas être connues de l'enfant ou de tel autre membre de la famille. Plus que jamais dans une approche systémique une enquête ou un rapport a tendance à s'attacher autant à l'environnement de l'intéressé qu'à sa personne. Il est quasi impossible de construire une enquête sociale en cloisonnant les informations. La régression serait majeure. Il faut trouver un mode de communication qui prenne en compte cette difficulté de façon à ce que les informations qui contiennent des jugements de valeur ou des appréciations (que la loi du 17 juillet 1978 appelle des informations «*nominatives*») ne soient communiquées qu'à l'intéressé. En revanche, les informations à caractère public (et non privé) et objectives même concernant autrui (le nom du directeur du service, de l'assistante maternelle, des frères et soeurs, etc .) sont communicables. [1]

38. Si dans mon enquête j'apprends ou j'observe des choses qui n'ont rien à voir avec mon mandat, suis-je tenu au secret professionnel concernant ces faits ?

Oui, le secret porte sur tout ce qui est appris, compris ou deviné à l'occasion de la profession. Il ne peut pas en être autrement puisqu'il s'agit de donner confiance aux gens qui s'ouvrent aux travailleurs sociaux.

Le serment d'Hippocrate souvent invoqué par les médecins est ici instructif : «*Admis à l'intérieur des maisons, mes yeux ne verront pas et mes oreilles n'entendront pas ce qui s'y dit*»

39. Je suis médecin, psychologue ou travailleur social, dois-je informer les parents que leur enfant est venu me voir ?

Non, au risque de surprendre nombre de parents voire de professionnels, tant qu'il n'y a pas de thérapeutique engagée ou d'intervention pratiquée, la consultation est

1 Cette question est traitée très longuement et très précisément dans le livre de Pierre Verdier et Martine Duboc «*Face au secret de ses origines, le droit d'accès au dossier de l'enfant abandonné*», Dunod éditeur, 1996.

un acte de la vie ordinaire qu'un mineur peut faire sans autorisation ni information de ses parents.

Il est même des actes que la loi autorise le mineur à faire pratiquer sans la moindre autorisation parentale. Par exemple, nul n'ignore que dans ce pays, depuis 1974, l'accès à la contraception est libre, gratuit et anonyme, y compris pour les mineurs.

L'enfant jouit du droit au respect de sa vie privée; il n'est pas propriété de ses parents même si ceux-ci ont une mission essentielle de protection. Si un enfant mineur d'âge peut consulter librement, on peut s'interroger à l'occasion d'une telle attitude sur la communication parent-enfant !

L'enfant dispose de droits bien sûr (comme le droit à la santé), mais également de la capacité d'exercer lui-même ses droits. Cette capacité est relative bien sûr, mais elle est réelle.[1]

Ainsi, le thérapeute n'a pas à informer ses parents de la visite d'une personne mineure. En revanche, il devrait prendre les disposions adaptées si celui-ci refusait les suites médicales ou autres qu'impose son état de santé. Il faudrait alors mobiliser les titulaires de l'autorité parentale. De même, il aurait besoin de l'accord des représentants légaux pour toute intervention chirurgicale, mais c'est une autre question.

---

1 Voir J.P. Rosenczveig, Le dispositif français de protection de l'enfance, Chapitre 5 : Les droits de l'enfant. Editions Jeunesse et droit, 1996.

40. Dois-je prévenir la famille que je signale sa situation au président du Conseil général ou à la justice ?

C'est là sans doute une obligation déontologique générale que d'informer la famille sur les actions que l'on engage et qui les concernent, mais ce n'est pas une obligation légale. Il y a des situations où ce ne sera pas possible ou souhaitable.

Contrairement à une opinion généralement répandue, la famille ne retirera pas systématiquement sa confiance à celui qui fait un signalement si elle le respecte dans sa compétence et son authenticité de professionnel engagé au service des autres.

En revanche, lorsque le président du Conseil général saisit l'autorité judiciaire, l'article 70 du code de la famille et de l'aide sociale l'oblige à en informer par écrit les parents ou le représentant légal de l'enfant. Généralement, il le fera après s'être assuré que son signalement est bien parvenu à l'autorité judiciaire. Il ne faudrait pas en effet que cette formalité, qui vise à respecter le droit de la famille, lui donne dans certains cas l'occasion d'échapper aux mesures de protection qui s'imposent par définition pour l'enfant.

IV. - LES SANCTIONS EN CAS DE VIOLATION DU SECRET PROFESSIONNEL

41. Qu'entend-on par «*révélation*» ?

Il faut qu'un fait couvert par le secret ait été révélé (élément matériel du délit) et qu'il s'agisse d'une intention frauduleuse (élément intentionnel du délit), même sans volonté de nuire.

a. Révéler, c'est «*lever le voile*», «*découvrir*», c'est-à-dire faire connaître, montrer, divulguer ce qui était inconnu ou caché. C'est donc faire en sorte, par une parole, un acte ou une négligence, que ce qui était secret soit divulgué. La loi n'exige pas que beaucoup de gens aient été informé de ce qu'ils ne devaient pas savoir : une personne suffit !

b. Toutefois, pour qu'il y ait délit pénal, il faut un élément intentionnel, c'est-à-dire que l'on a eu conscience de révéler un secret dont on avait connaissance. Si une information filtre parce qu'elle n'a pas été suffisamment protégée, il n'y a pas délit pénal, mais nécessité de réparation au civil. Il pourra encore y avoir des sanctions disciplinaires. Tel peut être le cas si une information n'a pas été suffisamment protégée (armoire non fermée, registre au vu de tous...). En revanche, en cas de vol avec effraction, la responsabilité des professionnels sera le plus souvent écartée sauf à considérer que le secret a été révélé par négligence.

Peu importe le mobile de cette révélation, que l'on ait voulu ou non causer un préjudice ou procurer un bénéfice à l'intéressé en parlant. De même, peu importe «*la juste cause*» qui a amené à violer le secret. Tout au plus les juges en tiendront-ils compte pour les circonstances atténuantes ou pour une dispense de peine.

42. De quelle manière risque-t-on de violer le secret professionnel ?

Ce qui constitue le délit, c'est la révélation effective; l'intention ou la tentative ne sont pas punissables.

- Le plus souvent, cette révélation se fait en parlant, chez soi, dans le train, en présence de tiers. (Attention aux conversations téléphoniques en présence de tiers !). Peu importe que ce soit en public ou en privé, sinon pour ce qui est de la preuve.
- Ce peut être aussi en écrivant, comme le docteur Gûbler condamné par la Cour d'appel de Paris (27 mai 1997) et le tribunal correctionnel (13 janvier 1997) pour avoir révélé des informations sur l'état de santé de François Mitterand apprises en tant que médecin traitant de celui-ci.

- C'est parfois à l'occasion d'une lettre ou d'un certificat.
- Ce peut être par l'affichage de documents (attention aux plannings de réunions, aux comptes-rendus de commissions, de comités d'entreprise qui pourraient contenir des informations nominatives, aux photos affichées dans un établissement et accessibles à tous à l'occasion de journée «*portes ouvertes*», ...).
- Attention aussi aux photos et aux indications nominatives dans les journaux d'association ou d'établissement qui ne peuvent figurer qu'avec l'accord express (et écrit pour faciliter la preuve) du représentant légal.

43. Que risque celui qui viole le secret professionnel ?

Trois types de sanctions sont encourues :

- une sanction pénale puisqu'il s'agit d'un délit : aujourd'hui un an d'emprisonnement et 100 000 F d'amende; on a déjà dit que ces sanctions avaient été accrues en 1994;
- des dommages et intérêts si la révélation a causé un préjudice;
- des sanctions disciplinaires.

En pratique, force est d'observer que ces sanctions sont rarement mises en oeuvre, sauf en matière disciplinaire (avertissement, blâme ou licenciement) du chef de violation du secret professionnel. La loi joue son rôle de prévention en traçant une ligne relativement repérée, même si la musique est mieux retenue que les paroles exactes ! Reste que l'on peut s'étonner, devant le nombre de violations du secret professionnel, qu'il y ait aussi peu de réactions.

Rares sont (aujourd'hui) les plaintes des usagers. Il n'en sera peut-être pas toujours ainsi. Et puis il faut aussi observer que certaines attitudes qui s'analysent en autant de violation du secret sont souvent institutionnalisées et banalisées. On échange parfois allégrement sur des dossiers ou des situations au mépris (inconscient) des règles du secret, voire de la morale. Les moyens de transmission moderne (informatique, fax, etc.) facilitent ces échanges parfois excessifs d'information. Parfois on n'hésite pas à dire que la fin justifie les moyens et, par exemple, pour obtenir un logement social, on peut être amené à franchir la ligne blanche continue. C'est faux ! Seul l'accord de l'usager pourrait le permettre encore que la Cour de cassation ne se soit pas encore prononcée sur ce point.

44. Est-ce que je risque d'être sanctionné sur le plan disciplinaire si je ne suis pas poursuivi pénalement (et réciproquement) ?

Oui, les procédures pénales et disciplinaires sont indépendantes et n'ont pas le même objet. Ainsi le juge disciplinaire n'est pas tenu par la qualification des faits retenue par le juge pénal (en ce sens, C.E., 30 janvier 1963), il n'est tenu que par les faits qui sont le support nécessaire de la décision du juge pénal, c'est-à-dire qu'il ne peut en contester la matérialité (en ce sens, C.E., 24 juillet 1987, Conseil dép. Ordre des médecins de l'Ariège).

Chaque instance est libre d'apprécier qu'il y a violation du secret là où l'autre estime qu'il n'y en a pas; les instances étant indépendantes l'une de l'autre, ni le juge disciplinaire, ni le juge civil n'ont à surseoir à statuer.

45. Peut-on me reprocher, notamment me demander des dommages intérêts, pour le dommage causé par des informations que je n'aurais pas dû livrer ?

Bien sûr si cette attitude a été de nature à causer un préjudice à ceux qui sont concernés. Il faut cependant qu'il y ait une faute de votre part. Il n'y a là rien que de très classique et l'application d'un principe général du droit qui veut que tout un chacun soit responsable de ses actes et de ses comportements.

Pour autant on n'a pas d'exemples aujourd'hui d'affaires de cette nature touchant à une violation du secret professionnel, mais cela pourra venir, comme en matière médicale ou les victimes ou celles qui pensent l'être n'hésitent plus à demander réparation et à agir tant au pénal qu'au civil. La montée du droit et d'une manière générale du juridique dans le champ social appelle à terme des demandes d'indemnisation de cette nature.

En revanche, un département a été condamné par le tribunal administratif de Clermont-Ferrand parce qu'au cours d'une enquête, un travailleur social avait laissé filtrer des informations sur une famille devant la compagne du fils de l'assistante maternelle - voir Cour administrative d'appel de Lyon, 30 décembre 1992 in Journal du droit des jeunes n°123 de mars 1993 et les attendus à la question 88 (infra).

On doit en retenir que le professionnel se doit d'être particulièrement vigilant dans ce qu'il restitue à l'extérieur. Il doit appliquer la règle «*le nécessaire et seulement le strict nécessaire*».

46. Si je ne signale pas ce que je devais signaler en temps utile ou si je n'interviens pas, qu'est-ce que je risque dans mon travail ?

Au mieux, votre employeur (ou votre supérieur hiérarchique) vous demandera des comptes sur votre attitude. Il pourra aller jusqu'à engager des poursuites disciplinaires pour faute professionnelle (et éventuellement prendre des mesures qui relèvent de sa compétence), ou saisir l'instance disciplinaire de l'établissement ou du service. En cas de faute grave, les sanctions encourues peuvent aller jusqu'au licenciement.

Il va de soi que des poursuites pénales, notamment pour non-assistance à personne en péril, peuvent encore être engagées par le parquet.

S'il y a une victime, elle pourra prendre l'initiative, directement ou via ses représentants, de demander des dommages-intérêts en justice.

47. A-t-on des exemples de travailleurs sociaux poursuivis pour violation du secret professionnel ?

Quasiment pas. Il y a peu ou quasiment pas d'exemples de poursuites pour violation de secret, excepté le cas cité aux questions 34 et 88 dans lequel c'est la responsabilité du Département qui a été recherchée du fait de la faute des assistantes sociales. Ceci ne signifie pas que le secret soit en permanence respecté, bien au contraire. On sait, il suffit d'ouvrir les yeux et les oreilles chaque jour pour le constater, que les violations sont pléthores.

L'absence de poursuites pénales ou civiles tient à ce qu'il n'y a pas toujours conscience de la part des victimes de la violation ou que les professionnels sont souvent anesthésiés.

En revanche, c'est bien autour de la question du témoignage en justice et de la non-assistance à personne en péril que se pose la question. On a vu se multiplier les procès. Le plus souvent conclus par des décisions de relaxe. Pour autant, ces décisions ont eu un gros impact ne fut-ce que parce qu'ils affirmaient sous le régime de l'ancien code l'obligation de témoigner y compris pour celui qui était tenu au secret.

V. LES LIMITES

48. N'y a-t-il pas des cas où la loi autorise ou oblige à lever le secret ?

Effectivement, dans certaines circonstances, la loi autorise - voire impose - de lever la règle du secret. Elle va même parfois jusqu'à sanctionner celui qui ne le ferait pas.

Tout d'abord l'autorisation de lever le secret est donnée, on l'a démontré précédemment, quand il s'agit d'une juste cause comme la prévention des mauvais traitements à mineur de 15 ans. On a déjà dit plusieurs fois combien le professionnel devrait apprécier l'attitude à tenir dans ces éventualités à l'égard de l'autorité judiciaire.

Ensuite, comme tout citoyen, les travailleurs sociaux sont tenus de porter assistance à personne en péril même au prix de la violation du secret professionnel s'il n'est pas possible d'apporter autrement cette assistance.

49. Quelles sont les obligations de dénoncer ?

Maintenant, dire que l'on n'a pas d'obligation de dénoncer ou de témoigner en justice ne signifie pas pour autant que l'intervenant social est autorisé à garder par-devers lui toutes les informations recueillies.

Outre les cas où la dénonciation est obligatoire pour des raisons d'ordre public, comme par exemple pour éviter une contagion, il y a bien une obligation d'informer le supérieur hiérarchique - public ou privé - pour lui permettre d'exercer ses propres responsabilités. Cette obligation résulte du droit du travail ou même du code de la Famille et de l'Aide sociale (article 80).

En négligeant cette obligation, le professionnel s'exposerait à des sanctions disciplinaires pouvant aller jusqu'à la faute lourde justifiant son licenciement. Le président du Conseil général a l'obligation de prévenir immédiatement l'autorité judiciaire des faits de violence à enfants avérés ou supposés. Ne pas le mettre en situation d'exercer sa mission alors même qu'il s'est entouré de collaborateurs à cet effet, c'est bien commettre une faute.

Il ne faut pas que les intervenants sociaux oublient qu'en général, ils ne fonctionnent pas en libéral, mais sont des salariés. Leur exercice professionnel est cadré par la loi ou les conventions professionnelles.

Mieux, il est des cas où la loi impose de parler au point de sanctionner pénalement celui qui ne le ferait pas. Ainsi pour prévenir le renouvellement d'un délit ou d'un crime.

Laissons de côté pour l'heure l'obligation de porter secours à celui qui est en péril.

50. Puis-je violer le secret professionnel pour éviter une injustice ? Qu’est-ce que je risque ?

On peut toujours parler ou écrire sur des faits qui sont censés être protégés par le secret professionnel. On prend simplement le risque d'engager sa responsabilité pénale, civile ou disciplinaire.

Si en conscience on estime que la raison de parler l'emporte sur l'obligation de se taire, on parlera et on prendra le risque de répondre en justice de cette violation, même si en son for intérieur on souhaite éviter d'en arriver à une telle extrémité.

Dans l'hypothèse où la justice est saisie, rien n'est certain quant à la sanction ni même quant à l' échéance de ces poursuites.

En effet, il est possible que la raison qui a pu pousser à la violation justifie le parquet de renoncer à poursuivre ou les juges à prononcer un dispense de peine reconnaissant la faute, mais en en comprenant le motif.

Bref, travail social rime avec responsabilité. En conscience, chacun connaissant les règles du jeu appréciera ce qu'il lui revient de faire, ce qu'il peut supporter sachant qu'on n'est pas un héros sur commande. C'est ici qu'on retrouve la place de l'éthique personnelle.

Il est fréquent que des travailleurs sociaux accomplissent des actes qu'ils savent illégaux, mais qui leur paraissent conformes à l'éthique de leur fonction.

Ils savent qu'ils prennent des risques; pour autant ils feront tout - et on le comprend - pour ne pas être sanctionnés de ce qu'ils ont fait au nom de ce qu'ils tiennent pour une juste cause.

51. Qui est exempté de dénoncer un crime ?

La règle, selon l'article 434-1 du code pénal, est que toute personne qui a «*connaissance d'un crime dont il est encore possible de prévenir ou de limiter les effets, ou dont les auteurs sont susceptibles de commettre de nouveaux crimes qui pourraient être empêchés doit en informer les autorités judiciaires ou administratives.*

Toutefois, sont exceptés de cette obligation :

- *les parents en ligne directe et leurs conjoints, ainsi que les frères et soeurs et leurs conjoints de l'auteur ou du complice du crime;*
- *le conjoint de l'auteur ou du complice du crime ou la personne qui vit notoirement en situation maritale avec lui;*
- *les personnes astreintes au secret professionnel*».

VI. - SECRET PROFESSIONNEL ET DEVOIR DE PROTECTION

52. Qui est tenu à l'obligation de porter assistance à personne en péril ?

Tout le monde. En effet, l'obligation de porter aide et assistance à la personne en danger ou «*en péril*», comme l'énonce le nouveau code pénal dans son nouvel article 223.6, qui est un principe connu de tous, pèse sur tout un chacun.

Le texte mérite d'être rapporté : «*Quiconque pouvant empêcher par son action immédiate, sans risque pour lui ou pour les tiers, soit un crime, soit un délit contre l'intégrité corporelle de la personne, s'abstient volontairement de le faire, est puni de cinq ans d'emprisonnement et de 500 000 F d'amende.*

Sera puni des mêmes peines quiconque s'abstient volontairement de porter à une personne en péril l'assistance que, sans risque pour lui ou pour les tiers, il pouvait lui prêter soit par son action personnelle, soit en provoquant un secours».

Cette règle ne souffre aucune exception. Là encore, comme nous sommes en matière pénale, la loi et les juges auront une interprétation stricte du texte. Il faut notamment :

1. que le péril soit imminent et constant;
2. que l'intéressé en ait eu personnellement conscience;
3. que l'intéressé ait décidé de s'abstenir;
4. qu'il n'y ait pas eu de risque insupportable pour l'intéressé ou pour autrui.

En revanche, peu importe, ici, que l'on ait réellement empêché le péril de se cristalliser.

Reprenons ces différents points qui sont autant d'éléments constitutifs du délit de non-assistance à personne en péril.

a. Un péril imminent et constant : quel que soit l'événement dont il résulte, ce péril doit nécessiter une intervention immédiate pour être évité. Ce péril résultera d'un «*fait ou événement accidentel*», raisonnablement imprévu et imprévisible de la part de la victime potentielle.

b. Le prévenu doit avoir eu personnellement conscience du caractère d'imminente gravité du péril auquel se trouvait exposée la personne dont l'état requérait secours et qu'il n'ait pas pu mettre en doute la nécessité d'intervenir immédiatement en vue de la conjurer.

   On observera combien toutes ces références sont subjectives. Comment les juges pourront-ils trouver la preuve de cette conscience du danger encourue par l'autre ?

Le doute devant bénéficier au prévenu, ils s'appuieront sur les circonstances de fait, mais encore sur les qualité de la personne qu'ils ont à juger. Il va de soi qu'ils seront plus exigeants dans leur appréciation à l'égard d'un professionnel que d'un simple citoyen.

Ainsi il a été jugé - au-delà du cas classique de refus de déplacement nocturne - que le médecin qui s'abstenait de poser certaines questions ou de procéder à certaines vérifications qui s'imposaient de par de son état, était punissable et ne pouvait pas invoquer son ignorance de la gravité de la circonstance. En d'autres termes, la faute professionnelle ne saurait pas être une excuse absolutoire !

A l'inverse, n'ont pas été condamnés des parents qui, étant donné leur niveau intellectuel et leurs faibles connaissances, ont pu se méprendre sur la gravité de l'état de leur enfant et ne requérir le secours du médecin que tardivement, leur inaction ne résultant pas d'une volonté délibérée de refuser de porter assistance à personne en danger. [1]

c. L'abstention doit être volontaire et intentionnelle (ce qui n'implique pas la volonté de nuire). Cette intention coupable pourra se déduire des faits et bien sûr, là encore, de l'état ou de la profession du prévenu.

d. Peu importe l'efficacité des moyens mobilisés. Mais à l'inverse on ne saurait invoquer la seule inefficacité prévisible des moyens disponibles pour justifier que l'on n'a rien fait ! Même menacé de mort proche et certaine, tout individu a le droit d'être considéré comme une personne en péril et de voir des moyens mobilisés pour lui venir en aide.

---

1 Cour d'appel d'Angers, 19 décembre 1963, D. 1965.

C'est bien dire que l'assistance à personne en péril est bien un devoir d'humanité, une obligation de prendre en compte la souffrance ou le danger dans lequel se trouve l'autre. La justice sanctionnera l'égoïsme de l'attitude du sachant.

e. Une question doit être clarifiée : comment le professionnel tenu d'observer l'obligation de se taire peut-il s'exonérer de cette obligation de porter aide et assistance ? Tout simplement en agissant, répondrait Monsieur de La Palice ou, comme le dit la loi, en provoquant une intervention extérieure.

   Ce peut être en veillant à faire hospitaliser l'enfant en danger ou en amenant à intervenir telle ou telle personne ou institution sachant que, même s'il parlait, l'intervenant social - comme le médecin - ne prendrait guère de risques, pour ne pas dire aucun, au regard du code pénal et surtout de sa conscience. Il a encore à sa disposition les différents téléphones verts nationaux ou locaux. Il peut aussi faire un signalement au juge des enfants qui a le droit de se saisir d'office.

C'est bien une obligation de moyens qui pèse sur celui qui sait qu'un enfant est maltraité : il doit mobiliser les moyens à son niveau pour faire cesser cette violence. Peu importe au regard de sa responsabilité qu'il atteigne ou non le résultat. S'il commet une erreur, voire une faute professionnelle, il pourra rendre des comptes devant ses pairs ou la justice civile ou encore pour faute pénale involontaire, mais pas pour non-assistance.

Pour se dégager de l'accusation d'avoir manqué d'humanité, il devra prouver qu'étant ce qu'il est, ayant fait le diagnostic, il a mobilisé tous les moyens à sa disposition. Il va de soi que les juges apprécieront différemment les moyens de réagir d'un professionnel et d'un non professionnel et même son état de conscience du problème posé.

Attention pour l'avenir : ne pouvant pas demander des comptes au professionnel qui aura refusé de témoigner parce que tenu au secret, la justice pourra être tentée de lui en demander sur la non-assistance.

C'est-à-dire que l'intéressé sera jugé sur sa pratique professionnelle et non plus sur sa discrétion ! Tel est bien le risque majeur demain pour les professionnels du social qui n'arriveraient pas à convaincre la justice qu'ils ont fait un usage normal de leur art.

A noter que la victime du délit de non-assistance à personne en péril est en droit de demander personnellement ou par l'intermédiaire de son représentant légal des dommages-intérêts pour le préjudice subi du fait de la non-intervention. Notamment elle pourra demander réparation de l'aggravation de son préjudice du fait de cette attitude. Elle pourra également demander à être indemnisée pour le désarroi que lui aura causé le fait d'être ainsi abandonnée à son sort.

A l'inverse, les associations qui interviennent pour défendre les intérêts des enfants ne sont pas légitimes à demander des dommages et intérêts sur la base de la non-assistance à personne en péril.

53. La loi ne fait-elle pas obligation de dénoncer crimes et mauvais traitements à enfant ? Qui en est dispensé ?

Cette obligation et ses limites sont précisées par les articles 434-1 et 434-3 du code pénal. Elles sont inscrites dans le Chapitre «***Des atteintes à l'action de la justice***».

Article 434-1. : «*Le fait, pour quiconque ayant connaissance d'un crime dont il est encore possible de prévenir ou de limiter les effets, ou dont les auteurs sont susceptibles de commettre de nouveaux crimes qui pourraient être empêchés, de ne pas en informer les autorités judiciaires ou administratives est puni de trois ans d'emprisonnement et de 300 000 F d'amende.*

Sont exceptés des dispositions qui précèdent, sauf en ce qui concerne les crimes commis sur les mineurs de quinze ans :

1. *Les parents en ligne directe et leurs conjoints, ainsi que les frères et soeurs de leurs conjoints, de l'auteur ou du complice du crime.*
2. *Le conjoint de l'auteur ou du complice du crime, ou la personne qui vit notoirement en situation maritale avec lui.*

Sont également exceptées des dispositions du premier alinéa les personnes astreintes au secret dans les conditions prévues par l'article 226-13».

Article 434-3 : «*Le fait, pour quiconque ayant eu connaissance de privations, de mauvais traitements ou d'atteintes sexuelles infligés à un mineur de quinze ans ou à une personne qui n'est pas en mesure de se protéger en raison de son âge, d'une maladie, d'une infirmité, d'une déficience physique ou psychique ou d'un état de grossesse, de ne pas en informer les autorités judiciaires ou administratives est puni de trois ans d'emprisonnement et de 300 000 F d'amende.*

Sauf lorsque la loi en dispose autrement, sont exceptées des dispositions qui précèdent les personnes astreintes au secret dans les conditions prévues par l'article 226-13».

La loi du 17 juin 1998 a ajouté aux mauvais traitements et privations les atteintes sexuelles.

Cela n'ajoute pas énormément à l'ancien texte, dans la mesure où il est rare que les atteintes sexuelles ne puissent pas s'assimiler aux mauvais traitements. Toutefois l'expression «*atteintes sexuelles*» s'éloigne des «*agressions sexuelles*» des articles 222-27 et suivants du code pénal; le juge pourra ainsi qualifier un très grand nombre d'actes, commis avec un certain consentement de la victime, sans être limité par la recherche de l'attitude agressive de l'auteur.

L'obligation d'agir prévue par l'article 434-2 du code pénal n'est imposée qu'à celui qui a les moyens d'empêcher le crime ou le délit sans risque pour lui et les tiers. Il va de soi que les juges seront amenés à apprécier - a posteriori - si, sans avoir à être un héros et se substituer aux forces de l'ordre, l'intéressé a fait le nécessaire. Pour le moins, attend-on qu'il mette en situation les forces de police ou de gendarmerie - ou tous autres bien placés pour prévenir le crime ou le délit - d'intervenir efficacement. Ici encore la loi n'exige pas telle ou telle attitude, elle demande la preuve d'un geste laissant à penser que l'intéressé ne s'est pas satisfait de la situation préoccupante dont il avait connaissance.

Il n'y a pas d'obligation de dénonciation qui soit imposée mais une obligation de réaction. La justice a ainsi estimé que l'obligation qu'impose à un éducateur de jeunes délinquants ou inadaptés d'empêcher, par une action immédiate, un délit contre l'intégrité corporelle d'une personne alors qu'une telle action est sans risque pour lui-même, doit prévaloir sur la crainte qu'il peut éprouver de compromettre éventuellement l'efficacité de son action de prévention ou de sacrifier un intérêt hypothétique. [1]

1 Cour de Cassation, Chambre criminelle, 21 novembre 1974, JCP 1975 - II - 18 143.

54. N'y a-t-il pas des contradictions dans la loi dans les obligations qu'elle impose aux professionnels du social ?

Non, ces deux obligations, de se taire et de porter secours, s'articulent. Du jeu combiné des articles 434-3 et 226-14, il résulte que les professionnels ne sont pas obligés de dénoncer les mauvais traitements et privations mais ne s'exposent à aucune poursuite s'ils le font.

Les médecins et les travailleurs sociaux, astreints au secret professionnel, ne pourront plus être pénalement poursuivis pour non dénonciation de faits dont ils ont eu connaissance à l'occasion de l'exercice de leur profession. Ils ont la liberté de parler mais non l'obligation.

Toutefois, ils ont deux obligations :

- l'obligation absolue de porter secours;
- l'obligation professionnelle d'informer leur hiérarchie lorsqu'ils font partie d'un service.

En résumé :

1. La révélation d'une information à caractère secret par une personne qui en est dépositaire par état, profession, ou en raison de sa fonction ou mission est un délit pénal (article 226-13 du code pénal).
2. Cependant, cette révélation n'est pas punissable lorsqu'il s'agit, pour un professionnel, d'informer les autorités judiciaires, médicales ou administratives de sévices ou privations sur mineurs de 15 ans (article 226-14 du code pénal), ou sur personnes particulièrement vulnérables ou de crime.
3. Ces professionnels sont autorisés à «*dénoncer*» les mauvais traitements, privations ou atteintes sexuelles dont ils ont eu connaissance à l'occasion de l'exercice

de leur profession, mais ils n'y sont pas obligés comme y sont les autres citoyens (article 434-3 du code pénal).

4. Lorsqu'ils participent aux missions de l'Aide sociale à l'enfance ils doivent informer le président du Conseil général et dans tous les cas leur supérieur hiérarchique.
5. Enfin, toute personne qui peut porter assistance à une personne en danger sans risque pour lui ou pour les tiers, doit le faire soit personnellement, soit en provoquant des secours (article 223-6 du code pénal).

55. Qu'est-ce que je risque si j'obéis à la loi en disant ce que je sais alors que la loi me dit par ailleurs de me taire ?

Les sanctions théoriquement encourues sont explicitées à l'article 226-13 du code pénal : un an d'emprisonnement et 100 000 F d'amende. Il est cependant nécessaire de rappeler qu'il s'agit là d'un maximum, mais que la juridiction peut toujours tirer de la cause des circonstances atténuantes, voire elle peut même aller, si elle l'estime opportun, jusqu'à une dispense de peine si elle estime que cette violation a été motivée par un juste motif.

Enfin, il est des circonstances, précisées notamment aux articles 226-14, 434-1 et 434-3, où les personnes astreintes au secret professionnel sont expressément exceptées des obligations de parler tout en étant autorisées à le faire.

Il s'agit :

- de la possibilité d'informer les autorités judiciaires, médicales ou administratives, de mauvais traitements, sévices ou privations sur mineur de quinze ans ou sur une personne hors d'état de se protéger en raison de

son état physique ou psychique ou d'un état de grossesse, ou de crime (violence ayant entraîné la mort, viol, ...), quelle que soit la victime;
- de la possibilité pour le médecin de porter à la connaissance du procureur de la République les sévices qu'il a constatés et qui lui laissent présumer des violences sexuelles.

56. Que faire face à un enfant victime de sévices ou de privations ?

Aux termes de la loi du 10 juillet 1989 sur la prévention des mauvais traitements à enfant, deux autorités sont explicitement compétentes en matière de lutte contre la maltraitance :

- le président du Conseil général, chargé d'organiser la prévention des mauvais traitements à enfants et d'organiser le recueil des signalements et de participer à la protection des enfants victimes (article 40-5 et 67, 68 du code de la Famille et de l'Aide sociale),
- le procureur de la République chargé, d'une part, d'assurer la protection des victimes et de veiller au niveau de protection qui leur est accordé, d'autre part, d'apprécier l'opportunité d'engager des poursuites contre leurs auteurs.

Le principe voudrait a priori que l'on passe par les services de l'Aide sociale à l'enfance; ce sera le cas lorsqu'il y a suspicion, mais non certitude. Toutefois, si le citoyen a obligation d'agir, il a le choix des moyens parmi ceux qu'offre la loi.

Tout dépendra donc des circonstances : de la nature de la violence, de la conscience que l'on a de ces violences, du fait que l'on sache ou non comment mobiliser les réactions adaptées. Tous les citoyens ne sauront pas comment saisir le juge ou le procureur ou encore les services du président du Conseil général.

C'est pour cela qu'ont été installés dans les départements et au plan national des dispositifs téléphoniques qui permettent à tout un chacun de mobiliser le dispositif. A minima on a toujours la ressource de téléphoner à la police ou à la gendarmerie.

Si on est professionnel, on doit alerter son supérieur hiérarchique et en cas d'urgence prévenir le procureur. Tous, professionnels ou non, en cas d'extrême urgence, doivent s'interposer ou faire cesser les violences par les moyens adaptés.

57. N'y a-t-il pas un numéro d'appel national ?

La loi du 10 juillet 1989 a créé un Service national d'accueil téléphonique de l'enfance maltraitée (SNATEM), qui a pour objectif d'améliorer le dispositif de recueil des signalements en offrant en permanence un point de contact pour tous ceux qui ne savent qui informer de ce qu'ils savent, voire de ce qu'ils souffrent personnellement. Le SNATEM aura alors la charge de transmettre immédiatement au président du Conseil général les informations recueillies (art. 71 du C.F.A.S.).

Son numéro est le **05 05 41 41**.

Il s'agit d'un numéro «*vert*» (appels gratuits). La loi veut que ce numéro soit affiché dans les lieux publics, notamment ceux que fréquentent les enfants. 37 écoutants se relaient 24 heures sur 24 au standard du SNATEM pour prendre connaissance des quelques 240.000 appels qui chaque année sont réceptionnés au service (pour 900.000 enregistrés par France Telecom). On observe un taux anormalement élevé d'appels fantaisistes ou encore d'appels «*blancs*» (56 885 en 1994) où les appelants - souvent des enfants ou des victimes - ne veulent pas ou n'osent pas parler.

La plupart des «*affaires*» signalées s'avèrent être connues des services administratifs ou judiciaires locaux qui interviennent déjà. Ces appels sont la preuve soit d'un manque de dialogue avec l'environnement (parfois le respect de l'intimité de la situation l'interdit) -, soit d'un doute sur l'efficacité de cette intervention. Il arrive que la situation ne soit connue de personne et que l'appelant n'ait pas connaissance des moyens pour mobiliser les intervenants ou ne souhaite pas le faire. En proportion, le nombre de situations non connues augmente. Il était de 33,6 % en 1991 pour 43,1 % en 1994, preuve que ce dispositif s'inscrit comme un dispositif social à part entière. Dans le même esprit, l'autorité judiciaire est plus souvent saisie que par le passé à la suite d'un appel au SNATEM : 23,94 % en 1994 pour 17 % en 1993.

Les «*écoutants*» sont souvent des psychologues, mais pas uniquement. Il leur revient de repérer où se situe le dysfonctionnement qui fait que l'on lance un tel appel quand les services sociaux ou de police sont plus proches. Ils donnent des conseils et renseignent leurs interlocuteurs sur les démarches à entreprendre.

Le SNATEM établit une fiche sur les appels et prévient les autorités locales qui seront amenées à décrire le fruit de leur propre intervention en application de l'article 71 de la loi du 10 juillet 1989. Ils ont un mois pour le faire. Sept à huit transmissions aux départements sont faites chaque jour. Ce ne sont pas seulement des appels concernant des enfants maltraités au sens physique du terme qui sont reçus. Ainsi on trouve nombre de traces des conflits intra-familiaux autour des enfants.

Ce type de dispositif existe également à l'étranger, voire est inspiré d'expériences étrangères. Il est géré par un GIP (Groupement d'intérêt public) réunissant l'Etat et les départements et financé à parité par l'un et les autres. L'analyse des appels montre qu'un peu moins de 6 % des appelants sont des travailleurs sociaux (5,87 % en 1994). [1]

Il faut préciser que de nombreux départements se sont dotés de dispositifs plus ou moins autonomes d'accueil téléphonique dans l'esprit de la circulaire du secrétariat d'Etat chargé de la Famille du 18 février 1983. Certains ont cependant passé convention avec le SNATEM pour couvrir, à moindres frais financiers et humains, les périodes plus délicates de nuit et de vacances !

58. Qu'est-ce que je risque si je ne parviens pas à protéger la personne en danger ?

Rien si vous avez fait l'effort de réagir et entrepris le geste de solidarité et d'humanité qui s'imposait.

Pour n'être pas obligé de réussir, il vous faut pour le moins entreprendre !

Aussi, il vous revient de rechercher la réponse appropriée pour mobiliser les moyens de nature à faire cesser le danger, soit en vous interposant personnellement, soit en veillant à le faire hospitaliser, soit en appelant au secours, etc.

Reste que la vraie sanction relève moins des juridictions que de votre conscience et du jugement de vos pairs.

1 Source : Rapport d'activité 1994 du SNATEM

59. Suis-je quitte si j'ai signalé la situation de danger à ma hiérarchie ?

Non, vous n'êtes pas quitte si vous avez le sentiment que les violences perdurent malgré votre message d'alerte.

Certes, pour retenir votre responsabilité, on devra apporter la preuve que vous saviez ou, à tout le moins, que vous ne pouviez pas ignorer.

Cette preuve n'est pas nécessairement facile à apporter, mais dans le cas dont il s'agit on peut penser que nous n'aurez pas manqué de laisser percer vos inquiétudes oralement ou par écrit.

Alors votre responsabilité se trouvera engagée. Vous vous devez alors de trouver autre chose pour susciter une réaction et notamment vous devez prévenir le parquet.

60. Que risque-t-on si toujours inquiet, on prévient directement le procureur ou le juge des enfants ?

Si vous prévenez le parquet quand votre hiérarchie (apparemment) ne prend aucune initiative, vous ne risquez rien sur le plan pénal.

La vérité veut cependant de dire qu'éventuellement vous aurez des ennuis disciplinaires, mais votre hiérarchie sera en difficulté si elle vous sanctionne pour ce seul prétexte.

Elle peut tenter de le faire, mais il lui faudra également rendre des comptes sur sa propre attitude sur un sujet plus ou moins délicat. Il n'est pas sûr, s'agissant du service public, que le président du Conseil général la suive sur ce chemin.

A ce stade, rien ne peut être dit qui soit sûr et certain. N'oubliez jamais qu'il n'y a pas de travail social sans risque et la loi ne peut pas vous donner une assurance anti-risque !

Au moins, par rapport à d'autres, si on venait vous demander des comptes, aurez-vous le sentiment d'être au clair avec votre conscience.

Reste que la vie est un combat et qu'il faut savoir préparer le terrain d'un éventuel conflit. Par ailleurs, n'oubliez pas que vous êtes rarement seul.

Votre employeur n'entreprendra rien si vous avez su partager avec vos collègues sur cette affaire, et encore mieux si, dans le projet d'établissement ou le règlement intérieur, ce genre de situation a pu être envisagée.

61. Dans cette hypothèse, peut-on me protéger contre une sanction administrative ?

A part le rapport de forces au sein de votre institution qui voudra que vos collègues vous soutiennent, rien ne peut empêcher une poursuite disciplinaire.

Mais dire qu'il y aura éventuellement des poursuites disciplinaires ne veut pas dire que votre employeur l'emportera.

Mais là on est dans le registre du droit du travail.

62. On vient de me dire qu'un enfant est victime de sévices sexuels; combien de temps ai-je pour vérifier cette information ?

Il est impossible de vous donner un délai qui serait valable en toutes circonstances : on ne remet pas au lendemain pour vérifier si celui qui crie au secours est bien en train de se noyer, a fortiori s'il n'a pas suffisamment de force, comme c'est souvent le cas pour un enfant, pour se débattre ! Vous devez donc faire toutes les diligences qui s'imposent et qui sont dans vos moyens.

Tout dépendra donc de la gravité de la situation, de la perception que vous pouvez en avoir, en sachant que la responsabilité s'apprécie toujours après.

Il faut également bien vous préciser que l'on n'attend pas de vous que vous vous transformiez en policier. Il y a une police et une gendarmerie dont c'est la tâche d'enquêter sur les faits délictueux ou criminels qui apparaissent et éventuellement d'y mettre fin.

Qui plus est en matière de sévices sexuels, les preuves au sens judiciaire du terme peuvent être difficiles à réunir pour les policiers ou les gendarmes; a fortiori pour des travailleurs sociaux.

Vous vous référerez ici à l'article 434-1 du code pénal. En d'autres termes, il vous appartient de tirer le signal d'alarme dès lors que vous avez un doute sérieux qui vous fait croire à la réalité des faits. La police prendra le relais.

Vous apprécierez donc en conscience, mais également en tenant compte des présomptions généralement relevées dans ce genre de situation.

Attention aux pseudo-théories sur les signes de violences sexuelles. Toute fillette qui passe un gant sur le front de son beau-père alité et s'allonge à côté de lui pour lui faire un câlin n'est pas nécessairement violentée !

Le bon sens et l'observation valent autant que de grands discours. Des faits, des faits recoupés, mais aussi une analyse du contexte, à défaut c'est votre parole qui ne serait plus crédible.

Et sans doute un dialogue préalable avec la police et les autres professionnels pour s'accorder sur les attitudes à tenir.

63. Comment venir en aide à celui qui est en péril en ayant dans le même temps l'obligation de se taire ?

Deux attitudes sont possibles : vous interposer ou prévenir l'autorité compétente pour intervenir.

Tout d'abord, il y a souvent moyen de porter assistance sans violer le secret professionnel, par exemple en agissant auprès des personnes, en faisant hospitaliser la victime, en appelant le Service national d'accueil téléphonique pour l'enfance maltraitée (téléphone vert : *05 05 41 41*) ou départemental.

Vous pouvez également passer outre à l'obligation de se taire qui pèse sur vous si vous êtes tenu au respect du secret professionnel puisque le code pénal vous exempte expressément du respect du secret (art 226-14). Il y a hiérarchie entre ces deux obligations : l'obligation de porter secours est prioritaire et l'emporte sur celle de se taire.

Il faut préciser là encore que ce choix entre agir ou prévenir peut se résoudre automatiquement : vous ne devez pas téléphoner ou écrire s'il est dans vos moyens de faire cesser les violences en intervenant personnellement. Dans cette hypothèse l'action doit l'emporter.

C'est bien entendu rétrospectivement que l'on viendra éventuellement demander des comptes sur votre attitude.

On peut même sans difficulté imaginer que cela interviendra dans l'hypothèse où un drame sera survenu.

Il sera donc difficile mais pas impossible de prouver que vous n'étiez pas en situation de vous interposer soit en considération des circonstances de fait, soit du fait de vos propres limites à intervenir.

64. Si j'ai la possibilité, mais pas l'obligation, d'informer la justice, quand vais-je le faire ?

Il vous faudra vous référer ici à votre conscience (c'est l'éthique de chacun), à votre déontologie (les règles adoptées par vos pairs) ou encore au règlement intérieur de votre service.

Mais surtout il vous faudra tenir compte de vos engagements professionnels. Le droit du travail doit être une référence importance pour vous.

Vous ferez masse de toutes ces approches; vous rechercherez la solution la mieux adaptée. Il faut notamment bien vous convaincre que personne ne peut prétendre venir en aide seul à l'enfant en danger.

65. Le travailleur social missionné a-t-il le droit d'interroger l'enfant pour lequel il y a suspicion de mauvais traitements sans en informer ses parents ?

Oui, cela fait partie des actes de la vie courante : tant qu'il n'y a pas intervention privative de liberté ou déplacement, cela peut se faire. Il va de soi que si l'on soupçonne l'un des parents d'être auteur de ces faits, on sera amené à ne pas attendre son accord pour approcher l'enfant. Sans aller jusqu'à renoncer à exercer la mission reçue, on se doit en revanche de prévenir le(s) parent(s) concerné(s) si l'agression n'est pas a priori analysée comme venant de la sphère familiale. Mieux, on se doit de mobiliser ce(s) parents(s) pour que l'enfant ne vive pas cette rencontre comme un nouvel interrogatoire où l'on remet en doute sa parole (voir aussi question 31).

66. Une jeune fille de 16 ans me dit qu'elle a été victime de violences sexuelles mais elle ne veut pas que j'en parle. Que dois-je faire ?

Il faut vous efforcer de la convaincre, quitte à prendre un peu de temps pour pouvoir lui expliquer ce qu'il peut advenir si les faits sont révélés.

Peut-être faut-il la mettre en relation avec des personnes et équipes spécialisées. Il est vrai que cette situation est délicate car vous ne pouvez pas prendre le risque de faire de fausses promesses d'autant que nous ne connaissez pas nécessairement les attitudes que les différentes institutions concernées pourront avoir.

Pour autant, certains intervenants sociaux ou judiciaires sont à même de vous informer ou de rassurer cette jeune fille en gagnant sa confiance.

En tout état de cause, si la situation persiste avec une violence dont la jeune fille est prisonnière, il faudra bien intervenir contre sa volonté et mettre la police et la justice en situation d'intervenir pour la protéger. Laisseriez-vous quelqu'un se noyer devant vous alors même qu'il vous a demandé de ne pas intervenir ?

Vous n'en avez pas le droit. Vous auriez des comptes à rendre à la justice pour non-assistance. Il en va de même pour cette jeune fille si les violences risquent de se renouveler. Le plus souvent un signalement s'imposera.

Sans doute devrez-vous continuer à vous préoccuper de cette jeune fille après ce signalement pour bien lui montrer que n'avez pas eu l'intention de soulager votre conscience mais de lui venir en aide éventuellement malgré elle.

67. Et si ces violences continuent ?

En alertant la police ou le parquet vous avez fait ce qui revient à un citoyen responsable. On peut difficilement vous demander plus, sauf à ce que les circonstances de l'affaire vous donnent une entrée dans la situation pour y mettre fin dont ne disposerait pas la police, par exemple par la qualité de la relation qui existe entre l'intéressée et vous.

Il vous est toujours possible de maintenir votre pression sur ceux qui ont vocation à intervenir par un signalement complémentaire. Peut-être pourrez-vous prendre des voies détournées pour les forcer à l'action, notamment en mobilisant le réseau associatif, voire les médias.

Il est impensable que sur une évidence de maltraitance à enfants toutes les voies soient bouchées.

A l'expérience, c'est plus souvent l'inverse que l'on observe aujourd'hui avec certains départs en flèche de la police ou de la justice.

Les institutions peuvent faire des évaluations différentes ou fonctionner à des rythmes différents, mais elles sont articulées l'une avec l'autre et l'inquiétude ou le doute véhiculé par l'un peut être de nature à entraîner l'autre. Il pourra être utile de saisir spécialement l'autorité politique que représente le président du Conseil général.

Parfois un avocat sera la personne la mieux placée pour intervenir auprès du procureur.

Deux conseils :

- vérifier auprès de collègues que la nature des informations et des faits que vous avez avancés pour mobiliser les autorités est de nature à emporter la conviction. Peut-être pris par votre engagement avez-vous négligé l'aspect formel du dossier ou de la transmission;
- ne pas voir l'institution alertée réagir ne veut pas dire qu'elle reste indifférente et les bras croisés; simplement elle a peut-être eu le défaut de ne pas vous dire en retour ce qu'elle a entrepris. Informez-vous directement ou indirectement.

Pour éviter ce genre de situation, de plus en plus de départements mettent en place des protocoles permettant d'articuler les interventions des autorités sanitaires, sociales et judiciaires, chacun sachant a priori les informations qu'attend l'autre de sa part et étant informé en retour des suites données à son signalement.

68. Que faire pendant que la police ou la justice vérifient les informations, sachant que cela peut durer très longtemps ? Suis-je dégagé de toute responsabilité ?

«*Pendant l'enquête, l'intervention continue*», tel pourrait être le slogan en matière de maltraitance à enfant !

Prévenir l'autorité administrative ou judiciaire n'exempte pas de continuer à apporter assistance à celui qui est en danger. Il est indispensable de le rappeler fermement tellement nombreux sont ceux qui estiment être quittes pour avoir signalé la situation à leur administration ou à la justice, convaincus qu'ils étaient d'avoir touché leurs limites. On veut simplement éviter que le signalement soit l'ouverture d'un parapluie et une source d'incompétence pour le service !

Cela ne signifie pas que la poursuite de l'intervention par-delà le signalement soit aisée ou toujours praticable. Il pourra même arriver que le signalement empêche le service social de poursuivre sa tâche, la porte de la famille lui étant désormais fermée.

Il n'y a aucun systématisme en la matière. On mesure ici l'intérêt de mettre en place un dispositif de retour d'information au profit du signalant professionnel. On pense au médecin ou à l'assistante sociale de circonscription qui ont besoin de savoir quelles suites ont été données à leur signalement pour apprécier dans quelles conditions ils peuvent poursuivre leur intervention. Sur ce point, force est de constater que, dans certains départements, on est encore loin du compte. Le travail sur les protocoles Administration sociale-Justice peut permettre d'améliorer ce dispositif et de mettre en meilleure situation les professionnels qui alors hésiteront moins à signaler.

69. Que faire si le procureur ou le juge que j'ai prévenus ne font rien ?

D'abord vous devez avoir la prudence de continuer à vous préoccuper de la situation à la hauteur de vos moyens, voire à provoquer des interventions extérieures comme celle de la police ou d'un médecin. A défaut, vous prenez le risque d'une non-assistance à personne en danger qu'on n'aura aucune difficulté à établir compte tenu de votre signalement.

Maintenant, s'agissant des faits dont vous avez eu connaissance, vous pouvez tenter de forcer le veto ou la négligence du parquet en saisissant le juge des enfants ou en incitant l'un des membres de la famille, voire l'enfant lui-même, s'il est en état de le faire, à saisir le juge des enfants. Si le procureur et le juge restent, de votre point de vue, inactifs, il faut quand même vérifier si tel est vraiment le cas car ils peuvent agir sans vous dire ce qu'ils font. Vous pouvez les interroger et tenter d'obtenir directement ou indirectement des explications. Peut-être y a t-il simplement manque d'informations.

70. Un magistrat peut-il être poursuivi pour non-assistance à personne en péril ?

Oui, comme tout un chacun. Au moins en principe ! Il est évident que l'hypothèse est le plus souvent théorique. Il faudrait une négligence particulièrement grave pour que le parquet engage ce type de poursuite. Et il pourrait être en difficulté pour mettre en cause l'un des siens ! L'initiative en revanche peut venir d'une victime ou de son représentant.

Reste le fond : ce que révèle le questionnement lui-même. Il est commun de penser et d'affirmer que les magistrats, à l'égard de l'enfance maltraitée et en conscience, prendraient des risques pour les enfants. Tout cela est inexact. Les magistrats sont des professionnels aussi consciencieux que les autres. Face aux situations critiques, ils mobilisent les moyens en leur possession. Peut-être peut-on leur reprocher de ne pas suffisamment s'expliquer, mais le secret de la procédure et le souci de ne pas livrer sur la place publique la vie privée de la famille expliquent cette attitude. Peut-être ne mobilisent ils pas avec efficacité les moyens que d'autres voudraient mettre en oeuvre, mais pour autant ils font avec ce qu'ils ont.

En fait, la question sous-tend que la justice ne recourt pas assez à la déchéance et à la rupture du lien enfant-parent ! Ce ne sont pas seulement les juges qui sont en cause, mais l'ordre de la loi !

71. Que doit faire le travailleur social s'il est confronté à la situation d'une personne âgée délaissée ou victime de violence ?

C'est le même texte et les mêmes obligations qu'en ce qui concerne les mineurs :

- obligation absolue de porter assistance (art. 223-6 du code pénal), qui ne souffre aucune exception,
- exception, dans ce cas de l'obligation de respecter le secret professionnel (art. 226-14 du même code).

Autrement dit, le travailleur social doit provoquer des secours, en principe en respectant le secret professionnel, mais en passant outre si c'est le seul moyen de sauver la victime.

72. Si je suis au courant qu'une personne de plus de quinze ans est victime de mauvais traitements, puis-je le signaler ?

Tout d'abord «*mineur de quinze ans*» s'entend jusqu'au jour anniversaire des quinze ans (et non quinze ans inclus). Les personnes soumises au secret professionnel ne peuvent en principe signaler les mauvais traitements, sévices ou privations que sur les mineurs de quinze ans, à moins que la victime ne soit pas en mesure de se défendre en raison de son âge, d'une maladie, d'une infirmité, d'une déficience physique ou psychique ou d'un état de grossesse.

Ces dispositions excluent le signalement pour toute une catégorie de personnes (notamment les femmes battues, sauf si elles sont enceintes). Le signalement s'avère en effet souvent inutile dès lors que ces personnes ne se prennent pas elles-même en charge pour faire cesser les violences.

Le travail social consistera donc, pour l'essentiel, à aider les victimes à quitter leur bourreau. Attention cependant : dès lors qu'il s'agit de crime (viol, meurtre, violence ayant entraîné une incapacité physique permanente, ...) le signalement est possible quel que soit l'âge de la victime.

VII. - SECRET PROFESSIONNEL ET TRAVAIL EN ÉQUIPE : LE SECRET PARTAGÉ

73. Qu'entend-on par secret partagé ?

Le travail social et le travail éducatif sont le plus souvent exercés en équipe ou en partenariat entre équipes se complétant dans leurs interventions. Les professionnels sont obligés de partager un certain nombre d'informations, de les confronter et d'en débattre. Chacun amène autour d'une table (dont les principaux intéressés sont absents) ce qu'il a pu voir, entendre, comprendre.

C'est d'ailleurs généralement l'équipe ou le service qui est dépositaire de la mission. Dans ce cas, le secret est éventuellement partagé entre les membres d'une équipe ou d'une institution.

Interdire ces échanges serait condamner le travail social moderne et renvoyer les travailleurs sociaux à leur solitude d'antan quand chacun sait que le plus souvent aucun ne peut tout seul régler la situation à laquelle il est confronté. La jurisprudence a déjà refusé de sanctionner cette communication au titre de la violation du secret professionnel. Certains souhaitaient que la loi vienne explicitement admettre la légalité de ce partage d'informations. Les rédacteurs du nouveau code pénal s'y sont refusés sans pour autant condamner cette jurisprudence.

En liant le secret à une mission et non à des professions, «*le nouveau code pénal n'a pas consacré la notion de secret partagé, mais il permet son existence*», comme l'écrit Madame Giudicelli-Delage, professeur à la Faculté de Droit de Poitiers (Revue de Droit sanitaire et social).

En toute hypothèse, le professionnel qui estime opportun de «*partager*» ses informations devra être précautionneux quant aux destinataires, quant aux informations données, voire devra se préoccuper de la personne directement concernée par le secret.

Bien évidemment, il doit également tenir compte de la finalité de cet échange en ayant le souci que ce partage ne porte pas préjudice à l'usager.

74. Quelles précautions prendre ?

Comme le suggère le professeur Giudicelli-Delage, il revient au travailleur social tenu au secret de se poser quelques questions :

1) tous les membres de l'équipe ou les participants d'une réunion sont-ils bien informés qu'ils sont astreints au secret professionnel ?

   C'est le cas le plus souvent avec le nouveau code pénal, mais cela mérite de leur être périodiquement rappelé (par exemple pour les membres - même bénévoles et non professionnels - d'une Commission locale d'insertion, d'un Conseil de famille...);

2) quels sont les éléments indispensables à révéler pour que la situation de la personne concernée évolue positivement ? Tout n'est pas à dire, mais seulement ce qui est en relation directe et nécessaire avec la décision à prendre ou la conduite à tenir;
3) que deviendront les documents divulgués ?

   On pense aux convocations qui contiennent des éléments nominatifs et aux comptes-rendus et à tout ce qui peut être envoyé dans divers services et a fortiori au domicile des membres d'une Commission;
4) l'usager est-il d'accord pour qu'on évoque certains faits relatifs à sa situation ?

La loi et le respect des règles déontologiques veulent que l'usager sache que l'on va parler de lui, qu'il puisse avoir connaissance de ce qui est dit et qu'il puisse le contester, qu'il y ait toujours un retour de l'information et une possibilité de dialoguer.

La présence des usagers aux réunions de synthèse pratiquées dans certaines institutions en est un moyen.

C'est plus conforme à une certaine déontologie, plus respectueux, plus difficile aussi, mais certainement plus efficace.

75. Mon chef de service peut-il avoir accès à mon agenda et aux dossiers que j'ai constitués sur les familles ?

Oui, avec des réserves. La mission d'aide, de protection, d'assistance ou de soin, lorsqu'on ne travaille pas en libéral, est confiée à l'institution dont on est membre.

Avec ses dirigeants elle est responsable de la mesure reçue ou de la prestation qu'elle a accepté de délivrer. Les dossiers et les planning de rendez-vous sont donc des instruments de travail qui appartiennent à l'institution. Le chef de service peut donc avoir accès à ces documents et il peut en avoir besoin, notamment en cas d'absence de votre part.

Toutefois, ces considérations visent uniquement les documents élaborés (dossier, compte-rendu, rapport), mais non pas les notes personnelles du travailleur social qui peuvent contenir des impressions, des hypothèses qui, elles, appartiennent au travailleur social et ne sont pas communicables sans son accord.

Derrière cette question se profile celle du «*dossier social*».

Légalement, ce dossier n'existe pas. En réalité, l'ensemble des notes, rapports, pièces réunies pour une famille ou une personne constitue un document administratif de type nominatif au sens de l'article 6 de la loi n°78 du 17 juillet 1978 complétée par la loi 79-587 du 11 juillet 1979. Ces documents n'appartiennent pas au travailleur social mais au service. Le travailleur social en a la responsabilité.

Sur ce point, Mme Limoujoux (ANAS) doit être suivie quand elle rappelle «*l'intérêt qu'il y aurait à n'élaborer et ne conserver que des dossiers rigoureux, clairs, ne contenant que des éléments objectifs et synthétiques, des dossiers débarrassés, autrement dit, des documents ponctuels, subjectifs, d'évaluation et estimation personnelles, qui servent à poursuivre la réflexion et à élaborer une stratégie d'action. Ces «aides-mémoires», «notes», comptes-rendus d'entretien et autres appréciations d'une situation donnée à un moment donné, doivent absolument être régulièrement revus, résumés, synthétisés ... puis détruits lorsqu'on l'en a tiré la substance»*. [1]

76. Que peut-on donc dire en réunion de synthèse ?

En général, on a tendance à trop parler surtout sur ce qui concerne les autres ! On veillera donc à ne dire que ce qui est nécessaire au regard de l'objectif général fixé à la rencontre et à la résolution du problème posé. On doit éviter dans toute la mesure du possible de donner des détails relatifs à la vie privée des gens en cause, qui plus est, si on n'a pas une autorisation formelle de l'intéressé de dévoiler ces détails.

77. Ai-je le droit de révéler des informations dont j'ai eu connaissance dans l'exercice professionnel à une personne elle-même tenue au secret professionnel ?

Tout dépend de la situation dans laquelle vous vous trouvez l'un par rapport à l'autre et par rapport à l'intéressé : deux travailleurs sociaux, deux médecins peuvent se communiquer des informations sur un client ou un patient, que si tous deux ont une relation professionnelle commune avec cette personne, c'est-à-dire s'ils travaillent en équipe pour le même objectif.

En dehors de ce cas, «*le fait de fournir des informations à caractère secret à un destinataire lui-même astreint*

1 Du bon usage du secret professionnel, Valeurs et éthique en service social, La revue française de service social, n° 175, 1994, ANAS.

au secret professionnel n'en constitue pas moins une révélation punissable» [5]. Le fait que l'interlocuteur soit lui-même tenu au secret professionnel ne délie pas le dépositaire de cette obligation (en ce sens, C.A. Aix en Provence, 29 juin 1995, Juris Data n° 044961).

78. Doit-on tout dire à son chef de service ?

On lui doit tout ce qui lui est utile pour l'exercice de ses propres responsabilités professionnelles. Cela dépendra donc du type de travail et de l'organisation professionnelle. Il y a une règle du jeu, implicite ou explicite, dans votre institution. Elle servira de référence.

Par exemple, un médecin n'a pas à révéler au directeur administratif de l'hôpital ou du C.M.P.P. des informations médicales sur les patients qu'il reçoit. En revanche, il doit lui fournir des indications d'activité, voire administratives pour lui permettre d'effectuer les facturations, qui sont de sa responsabilité.

Il n'en sera pas de même pour un éducateur d'A.E.M.O. qui devra rendre des comptes techniques à son chef de service éducatif sur les familles qu'il suit au nom de l'institution.

79. Suis-je obligé de donner le nom des personnes auxquelles je tente de faire accorder un appartement ou une aide ?

En théorie, non. Il suffit que le dossier justifie l'octroi de l'aide dont il s'agit pour la famille qui est décrite et que vous connaissez.

La loi sur le R.M.I. du 1er décembre 1988 avait même veillé à ce que soit tu le nom de la personne ou de la famille concernée. Cette disposition a été modifiée par la loi du 4 février 1995 qui supprime l'anonymat des dossiers.

On sait qu'en pratique cela peut être dur de respecter réellement cet anonymat dans des petites villes ou des quartiers où tout le monde connaît tout le monde. Le législateur ne l'ignorait pas en posant ce principe, mais il a voulu poser une limite symbolique. La fin ne justifie pas tous les moyens !

On doit savoir qu'en parlant d'une famille de telle sorte que le nom est reconnaissable, on a déjà franchi une limite. On se gardera alors d'aller plus loin. Pour le principe, on doit donc s'efforcer de respecter ces dispositions.

80. Peut-on refuser d'intervenir dans une réunion pluridisciplinaire ou inter-institutionnelle si l'on n'est pas assuré que tous les participants sont tenus au secret professionnel ?

Oui, et parfois même on devra se taire ou du moins taire certains faits. Certains chefs de service n'hésitent pas à le rappeler formellement à leurs troupes ou même de leur demander de sortir de la salle s'ils ont des inquiétudes sur ce point.

Par-delà la loi, c'est une règle déontologique que de prendre les précautions qui s'imposent pour ne pas être amené à révéler à des personnes non-tenues au secret professionnel des informations dites à caractère secret.

Pour autant, cela ne signifie pas que le fait que tous les participants sont tenus au secret permet de tout révéler, le législateur n'ayant pas consacré le secret partagé.

Seule l'information nécessaire par rapport à la mission peut être communiquée.

81. Dans une enquête sociale, puis-je tout dire de ce que je vois ?

Tout ce qui est nécessaire au regard de la mission d'investigation donnée qui s'inscrit elle-même dans un certain contexte, ni plus ni moins. Une enquête est nécessairement circonscrite à un objet. D'où l'importance pour les travailleurs sociaux d'obtenir que le mandant cadre bien dans ses motivations le pourquoi de l'enquête et les questions qu'il se pose et qu'il pose. De plus en plus, pour leur part, les magistrats veillent à éviter de donner un mandat trop global.

Ceci bien évidemment pour protéger celui ou ceux qui sont l'objet de l'enquête mais également pour être plus efficient.

82. Mon chef de service peut-il me demander de lui dire tout ce que je sais d'une situation ?

Cela peut dépendre de l'organisation hiérarchique et du partage des responsabilités (voir question n°63), mais en principe, il vous revient de lui donner les informations qui sont nécessaires à l'exercice de ses propres responsabilités. Il vous faudra notamment lui communiquer les informations nécessaires à l'évaluation de la situation qu'il doit faire régulièrement pour rendre des comptes à ceux qui ont mandaté l'institution ou tout simplement pour «*piloter*» en permanence l'intervention de l'institution, diriger l'équipe et être le garant de son projet.

83. Que se passe-t-il si pendant mes congés on ouvre mon courrier professionnel alors qu'il est marqué «*personnel*» sur l'enveloppe ?

Personne ne peut se voir garantir sur son lieu de travail une confidentialité du courrier reçu. Tout courrier est censé être de nature professionnelle. Il n'appartient pas au destinataire, mais à l'institution dont il est membre. En effet, le courrier personnel, concernant la vie privée, doit être adressé au domicile, qui, lui, est privé.

Toutefois, certaines relations interpersonnelles nécessitent une certaine discrétion (et donc confidentialité) et l'on comprend que le courrier marqué «*personnel*» ne soit ouvert que par son destinataire s'il est là. En tout cas les consignes doivent être claires et connues de tous.

Le problème se pose essentiellement pour les absences prolongées d'un travailleur social, notamment pour les congés; en effet le courrier dit «*personnel*», mais qui est quand même professionnel, peut contenir des informations ou des appels au secours qui ne peuvent attendre le retour plus ou moins lointain du destinataire. Il arrive aussi, qu'à l'insu de celui qui a écrit, la personne en charge du dossier ait changé. Pour toutes ces raisons, il faut bien organiser le «*traitement*» de ce courrier.

Il appartient donc au responsable du service ou de l'institution de veiller à ce que les garanties qui s'imposent soient données.

Par exemple, il ne doit pas être question de laisser traîner ce courrier dans une salle commune à tous les personnels : certaines informations peuvent être couvertes par le secret médical.

En d'autres termes, on ne peut pas exiger que le courrier reçu sur le terrain de travail ne soit pas ouvert; en revanche, on doit mettre en place avec la direction de l'établissement - elle y a intérêt - un dispositif qui vaut au quotidien et qui permet aussi de pallier les absences de chaque professionnel soit pour congés, soit pour fait de maladie, soit même suite à une mutation.

84. Si je quitte mes fonctions, puis-je partir avec mes dossiers si je ne suis pas assuré de ma succession ?

Non : les dossiers ne vous appartiennent pas, mais sont liés aux fonctions que vous exerciez. En effet, la mission d'aide, d'éducation, de soin, ne vous était pas confiée à titre personnel, mais confiée à l'institution qui vous employait.

En revanche, il n'en est pas de même si vous exerciez en libéral; dans ce cas les dossiers vous appartiennent, puisque vous êtes votre propre institution. Cette hypothèse est plus fréquente dans le domaine sanitaire (médecins, infirmières, kiné, etc.).

Dans ce cas, trois solutions sont pratiquées : ou bien les documents sont archivés, ou bien ils sont transmis à celui qui reprend la clientèle, ou bien ils sont remis aux clients. Mais cela ne se rencontre guère en matière de travail social.

Très concrètement, vos anciens dossiers restent plus que jamais sous la responsabilité de l'institution que vous quittez et spécialement de ses responsables. Votre ancien supérieur hiérarchique prendra les précautions qui s'imposent pour les protéger des regards indiscrets le temps de la vacance de votre poste.

VIII. - LE SECRET PROFESSIONNEL ET LA JUSTICE

85. Que veut dire la loi quand elle demande au président du Conseil général d'informer immédiatement l'autorité judiciaire ?

Il s'agit de s'assurer que la justice pourra intervenir au plus tôt dès lors que l'administration sociale a le sentiment qu'un enfant est maltraité ou qu'elle a de fortes inquiétudes qu'elle ne peut pas vérifier par elle-même.

Il faut que le procureur, avec l'aide de la police, veille à ce que la vérité soit faite sur ces violences avérées ou supposées et, surtout, qu'il en tire les conséquences aussi bien pour protéger l'enfant - le procureur peut prendre **en urgence et en l'absence du juge des enfants** les décisions qui s'imposent ou saisir le juge des enfants - et, bien évidemment, apprécier s'il faut poursuivre les auteurs de ces violences pour que justice soit rendue à la victime.

Reste qu'il faut au parquet et à ses services le temps de vérifier sinon la réalité des faits du moins leur plausibilité.

L'administration n'a pas à se transformer en service de police, mais dans le même temps elle ne peut pas transmettre n'importe quel fait au procureur au risque de le noyer et aussi de porter un préjudice grave aux personnes qui seraient signalées indûment...

Un certain temps doit être donné à l'administration pour évaluer la situation et se faire son point de vue.

Pour éviter des difficultés d'articulation, les départements et les tribunaux multiplient les protocoles où ils s'accordent concrètement sur leur articulation. C'est généralement a posteriori que d'éventuels dysfonctionnements s'apprécieront.

86. Un juge d'instruction a-t-il le droit de saisir tout ce qui l'intéresse pour son information ? Comment fait-il ? Peut-on s'y opposer ?

Oui, et certains magistrats dans des affaires qui ont défrayé la chronique ne s'en sont pas privés, y compris s'agissant de support informatique.

Seuls certains endroits ou documents classés «*défense nationale*» peuvent échapper à cette prérogative donnée au juge d'instruction pour faire la vérité.

Pourtant, certaines professions sont spécialement protégées, comme les avocats pour lesquels les saisies ont lieu en présence du bâtonnier ou les médecins pour lesquels les saisies n'ont lieu qu'en présence d'un membre du Conseil départemental de l'ordre des médecins.

87. Saurai-je comme professionnel ce qu'il advient de mon signalement au procureur de la République ?

Pas nécessairement. Ce sera une question de circonstances, mais encore d'accord préalable qui aura pu être passé dans le cadre de fonctionnement inter-institutionnel. On voit d'ailleurs se multiplier des protocoles qui organisent cette information en retour dans l'esprit de la loi du 10 juillet 1989 qui prévoyait justement - reprenant à son compte les dispositions interministérielles de 1983 - que celui qui signale au président du Conseil général en indiquant son nom sera informé en retour des suites données à son signalement.

L'État, avec l'accord des présidents de Conseils généraux, appelle à la multiplication de ces protocoles.

88. Ceux qui signalent une situation de violences à enfants sans être des professionnels peuvent-ils savoir ce qu'il a été fait de leur signalement ?

Oui. La loi du 10 juillet 1989 leur donne la possibilité de savoir si une suite a été donnée à leur signalement. Il suffit qu'ils le demandent à l'administration qu'ils alertent et veuillent bien laisser leurs coordonnées. En effet, pour inciter les gens à informer les autorités sur ce qu'ils peuvent observer, le législateur a voulu crédibiliser les institutions en montrant qu'elles ne délaissaient pas les informations qui leur sont transmises. On saura dans le quartier que l'administration n'hésite pas à dire ce qu'elle a fait du signalement. Soit même, quand on sera confronté à une situation analogue, on sera donc tenté de signaler également.

Bien sûr, l'administration sociale modulera sa réponse en fonction de la personne qui signale. Elle ne restituera pas autant d'informations au professionnel - par exemple, le médecin de quartier - ou au voisin qui signalent. L'un est en effet tenu au secret professionnel; l'autre ne l'est pas. Pour autant, l'un comme l'autre doivent savoir qu'une suite a été donnée. Le médecin aura besoin d'être au clair pour éviter des impairs et adapter sa propre attitude quand il retournera dans la famille.

89. A qui le juge des enfants communique-t-il les éléments de son dossier ?

Plusieurs transmissions sont possibles qui obéissent aux règles de communication des procédures judiciaires. Il faut savoir que le dossier d'assistance éducative et a fortiori de délinquance est couvert par le secret judiciaire.

D'abord, le procureur de la République peut à tout moment souhaiter avoir connaissance du dossier. Il le demandera au juge. Il est seul légitime à faire des interventions publiques sur ce dossier. Sans aller jusque là, il peut avoir besoin des informations contenues dans le dossier par rapport à des développements de l'affaire ou d'autres procédures en cours.

L'avocat - mais sa présence est fort rare en assistance éducative - pourra accéder au dossier, prendre des notes, mais il ne recevra pas copie de la procédure comme il peut le demander en matière pénale. Les travailleurs sociaux qui reçoivent mandat d'effectuer des enquêtes ou d'intervenir pourront également avoir accès au dossier, là encore, sans pouvoir se faire remettre de copie.

Il est fréquent que dans le cadre d'un divorce les parties ou l'une d'entre elles demandent à ce que la procédure d'assistance éducative du juge des enfants soit versée en totalité ou en partie au dossier pour en exploiter les pièces à leur profit. Cela n'est pas possible car on risquerait alors de voir des copies des pièces de ce dossier de protection remises aux parties et surtout être utilisées dans le cadre d'un conflit quand elles ont été établies dans un autre contexte. En revanche, il est assez classique que la procédure soit transmise au juge des affaires familiales. Les parties pourront la consulter dans son cabinet sans s'en faire remettre de copie.

90. Qu'advient-il des informations que je donne aux magistrats chargés de la jeunesse ? Ces informations données pour aider à la protection des enfants peuvent-elles être accessibles à d'autres magistrats et utilisées contre les intéressés ?

Ces informations resteront dans le dossier judiciaire.

Le juge appuiera ses entretiens sur les informations qui lui auront été communiquées. Il vérifiera si elle ne sont pas contestées par les parties. Il recueillera leur réactions sur les faits allégués. Éventuellement, le juge fondera ses décisions sur ces informations et s'y référera dans sa décision.

Le juge d'instruction pourra dans certaines circonstances avoir accès à ce dossier ou pour le moins aux pièces qui peuvent être utiles à son information. Généralement, dans les juridictions, les juges d'instruction font part de leurs demandes au juge des enfants qui appréciera les documents qui peuvent être transmis à l'instruction.

On a dit que le dossier pourrait être transmis au juge aux affaires familiales, mais il n'est pas remis aux parties.

91. Comme travailleur social ayant une mesure judiciaire à exercer, puis-je obtenir une copie de ce dossier ?

Non. Personne ne peut obtenir copie du dossier d'assistance éducative, même pas un avocat. Le seul double effectué le sera s'il y a un appel pour permettre au juge de poursuivre son intervention malgré cette procédure.

Le travailleur social pourra accéder au dossier pour y prendre des notes et recueillir les informations utiles à l'exercice du mandat confié par le juge.

Pour éviter que des travailleurs sociaux perdent des heures à prendre des notes, voire à en recopier des pièces, certaines juridictions pour mineurs autorisent la copie de cotes par les équipes qu'elles mandatent régulièrement, à charge pour celles-ci de s'engager à ne pas en faire la moindre reproduction et à détruire les copies dans les trois mois.

Il arrive encore régulièrement que les juges, par l'intermédiaire de leurs greffiers, transmettent à tel collègue (juge d'instruction notamment) des pièces qui peuvent lui être utiles dans sa procédure et indirectement bénéficient aux personnes dont ils s'occupent.

Il ne serait pas inutile que des règles du jeu claires et communes soient adoptées par les pouvoirs publics afin d'être appliquées dans toutes les juridictions.

Le dossier judiciaire doit toujours demeurer sous le contrôle du juge et de son greffier. A sa clôture, il sera archivé.

92. Puis-je me retrancher derrière le secret professionnel vis-à-vis du juge des enfants ?

Tout dépend de la situation :

- si vous travaillez en dehors de toute mesure d'assistance éducative, ce qui est par exemple une situation fréquente en service social, nous sommes dans le cas normal : vous avez l'obligation de faire cesser tout danger ou maltraitance sur autrui (art. 223-6 C.P. sur l'assistance à personne en péril), pour cela vous avez l'autorisation de la loi d'enfreindre le secret professionnel (art. 434-1 du même code), mais vous n'en avez pas l'obligation, dès lors que vous avez porté assistance;
- si vous travaillez dans le cadre d'une mesure d'assistance éducative (AEMO, établissement habilité), vous devez rendre compte au juge de tout ce qui concerne la protection du mineur confié. Dans l'affaire du Mans, la Cour d'appel d'Angers, puis la Cour de cassation, chambre criminelle, le 8 octobre 1997 l'ont rappelé avec vigueur au médecin psychiatre et aux travailleurs sociaux de l'institution en concluant «*le secret professionnel imposé aux membres d'un service éducatif sur la situation d'un mineur confié à celui-ci par le juge des enfants est inopposable à cette autorité judiciaire, à laquelle ils sont tenus de rendre compte de son évolution et notamment de tous les mauvais traitements, en vertu des articles 375 et suivants du code civil et de l'article 1199-1 du nouveau code de procédure civile, pris pour leur application, tout comme ledit secret est inopposable, selon l'article 80 du code de la famille et de l'aide sociale, invoqué par les demandeurs, au président du Conseil général pour les mineurs relevant de sa compétence*».

93. Doit-on se présenter au commissariat en cas de convocation ?

Oui, et le travailleur social y a même intérêt s'il entend refuser son témoignage au motif qu'il est tenu par le secret professionnel. Il vaut mieux se rendre à la convocation et expliquer au policier ou au gendarme que l'on se trouve dans l'obligation légale de se taire. Il s'agit en cette occasion de montrer à ce policier que l'on comprend et que l'on respecte sa mission qui, elle-même, se fait sur l'ordre de la loi.

L'un comme l'autre oeuvrez dans le même sens, mais à partir de positions différentes. Pour mieux vous assurer de convaincre votre interlocuteur, il vous faut avoir présent à l'esprit qu'il dispose d'informations souvent dramatiques, qu'il a pu assister à telle ou telle séquence particulièrement choquante et qu'il admet difficilement que l'on ne veuille pas l'aider à faire la vérité pour venir en aide à la victime. Un peu de sociologie institutionnelle et de psychologie ne font pas de mal !

Au pire, le policier ne sera pas convaincu par vos explications et estimera que vous êtes tenu à l'obligation de témoigner. Il en informera le parquet ou le juge d'instruction auprès desquels, sur leurs convocations, vous renouvellerez éventuellement vos explications. Au final, vos arguments seront entendus par-delà les éventuels grincements de dents.

94. Dans quelle mesure suis-je obligé de collaborer avec la justice ?

L'article 10 du code civil pose que : «*Chacun est tenu d'apporter son concours à la justice en vue de la manifestation de la vérité. Celui qui, sans motif légitime se soustrait à cette obligation lorsqu'il en a été légalement requis, peut être contraint d'y satisfaire*».

Le nouveau code de procédure pénale contient des dispositions analogues :

«*Les parties sont tenues d'apporter leur concours aux mesures d'instruction sauf au juge à tirer toute conséquence d'une abstention ou d'un refus... (Le juge) peut, à la requête de l'une ou l'autre des parties demander ou ordonner la production de tous documents détenus par des tiers s'il n'existe pas d'empêchement légitime*».

95. Suis-je obligé de témoigner en justice ?

Pour ce qui est du témoignage en justice, rappelons que les personnes tenues au secret professionnel ont, aux termes de l'article 109 du code de procédure pénale explicités par la circulaire générale du 1er mars 1993 :

- l'obligation de se présenter aux convocations;
- l'obligation de prêter serment (sauf pour l'enfant de moins de 16 ans);
- l'obligation générale de taire les faits connus à l'occasion de leur profession;
- mais la possibilité de témoigner dans les cas prévus à l'article 226-14 du code pénal (sévices ou privations infligés à un mineur de 15 ans ou à une personne qui n'est pas en mesure de se protéger en raison de son âge ou de son état de santé).

C'est bien une attitude citoyenne qui est exigée, a priori, de tous que de participer à l'oeuvre de justice rendue au nom du peuple français.

«*Toute personne citée pour être entendue comme témoin est tenue de comparaître, de prêter serment et de déposer, sous réserve des dispositions (L. n° 92- 1336 du 16 décembre. 1992) des articles 226-13 et 226-14 du code pénal*».

En d'autres termes, nous conseillons de répondre aux citations à témoigner. A défaut, vous risquez une sanction pénale. La peine encourue pour refus de comparution (ou refus de serment) est une amende de 3 à 6 000 F. Vous risquez également que l'on vienne vous chercher manu militari, chez vous ou à votre travail, à la demande du juge : «*La mesure de contrainte dont fait l'objet le témoin défaillant est prise par voie de réquisition. Le témoin est conduit directement et sans délai devant le magistrat qui a prescrit la mesure*» (art. 110 du C.P.P.).

C'est une autre question que celle de savoir si vous répondrez sur le fond aux questions qui vous seront posées. Là, on ne peut pas vous contraindre.

Si vous faites le choix de parler, nous reprendrons à notre compte le conseil donné par Mme Limoujoux, assistante de service social, permanente de l'ANAS (Association nationale des assistants de services sociaux) qui recommande «*d'opérer un tri dans les informations que l'on peut donner, de manière à faire une déposition rigoureuse qui ne laisse aucune place aux appréciations subjectives, aux impressions, aux sentiments, mais se contente d'éléments objectifs, clairs et concis; par exemple, si l'interrogatoire concerne une situation d'enfant maltraité, redire le signalement que l'on a précédemment rédigé et s'en tenir là*». [1]

Vous apprécierez l'attitude à tenir sur chacune des questions qui vous sera posée.

---

1 Article précité

96. Que dois-je faire si j'estime être tenu par le secret professionnel ?

Il vous faut en informer ceux qui vous sollicitent pour donner directement ou indirectement des informations. Mais nous vous conseillons, notamment à l'égard des forces de police ou des magistrats, d'éviter certaines formules maladroites telles que «*Je me retranche derrière le secret professionnel*» qui laisse à penser que vous vous protégez alors que vous ne faites que répondre à un ordre de la loi. Il vous faudra donc parfois prendre des précautions oratoires pour rappeler que vous êtes contraint par une obligation légale dont vous n'êtes pas aisément dispensé.

Mais déjà, vous devez avoir toutes les prudences qu'appelle cette obligation légale de vous taire. Vous ne pouvez pas à la fois rappeler l'interdiction de parler et dans le même temps évoquer à tout va le contenu de la situation dont il s'agit !

97. L'institution peut-elle m'aider et comment ?

Bien sûr, elle en a même l'obligation. D'abord parce que c'est d'elle que vous tenez votre mission; d'autre part parce qu'en agissant vous l'engagez et qu'à l'inverse en étant mis en cause c'est elle qui l'est indirectement.

Votre institution dispose au moins de trois moyens pour vous aider :

- le plan de formation continue, qui est une obligation de l'employeur, a pour objet de vous donner les moyens d'exercer votre métier en toutes connaissance et sûreté;
- l'encadrement technique des équipes;

- l'assistance éventuelle d'un avocat, pour toute situation où vous seriez mis en cause pour des faits relatifs à l'exercice de votre profession.

Votre hiérarchie a un rôle spécifique à remplir.

98. Mes supérieurs hiérarchiques peuvent-ils m'interdire ou m'ordonner de témoigner sur des faits couverts par le secret professionnel ?

Nul ne peut imposer à quiconque de violer la loi pénale à quelque titre que ce soit. Votre employeur ne peut donc pas vous imposer de refuser de vous rendre à la convocation de justice. Tout au plus vous donnera-t-il son sentiment sur l'attitude à tenir ! Un conseil en quelque sorte !

Nous avons tous un rapport personnel à la loi. Si vous refusez de répondre à la convocation de justice, vous engagerez votre responsabilité même si vous invoquez - preuve à l'appui - que vous avez reçu un ordre formel.

A l'inverse, votre hiérarchie ne peut pas vous libérer du secret professionnel. C'est en conscience que dans les cas prévus par la loi vous apprécierez si vous devez ou non parler sur le fond de ce que vous savez.

Bien évidemment, en théorie, vous vous exposez à des sanctions disciplinaires si vous désobéissez à votre hiérarchie.

Mais là encore le combat n'est pas perdu d'avance dans la mesure où cet ordre était manifestement illégal. Un rappel de l'article 133-4 du code pénal s'impose ici : «*N'est pas pénalement punissable la personne qui accomplit un acte commandé par l'autorité légitime, sauf si cet acte est manifestement illégal*». En d'autres termes, l'ordre de la loi est de résister à l'illégalité commandée !

99. Si je sais qu'une demande d'aide sociale ou de RMI comporte des fausses déclarations, puis-je le révéler ?

Le secret professionnel ne doit pas être prétexte à malversations. Le travailleur social qui a connaissance de fausses informations doit refuser de transmettre la demande à l'autorité compétente. Si c'est à l'occasion d'une visite qu'il en prend connaissance, il peut en informer (ou menacer d'en informer) le Procureur, via son employeur, sur le fondement de l'article 99 du code de la sécurité sociale, pour délit d'escroquerie aux prestations sociales.

100. Puis-je m'opposer à une perquisition ou à une saisie dans mon bureau voire chez moi pour trouver des documents liés à mes activités professionnelles ?

Non. Lorsque le juge d'instruction est saisi, il emploie tous les moyens légaux qui lui paraissent nécessaires à la manifestation de la vérité.

Personne ne saurait s'y opposer. On a vu récemment des lieux inhabituellement visités par des juges d'instruction comme les sièges de partis politiques, faire l'objet de perquisitions parfaitement légales. Pour certaines professions, des précautions ont été édictées par la loi afin d'éviter qu'il ne soit porté atteinte à une liberté fondamentale.

Ainsi , les cabinets d'avocats ne peuvent être perquisitionnés qu'en présence du Bâtonnier et ceux des médecins d'un représentant du Conseil de l'ordre.

101. Peut-on me saisir mon agenda professionnel ?

Oui, le juge fait saisir ou saisit lui-même tous les documents qu'il estime pouvoir contenir des informations utiles pour l'instruction. L'agenda professionnel est souvent de ceux-là.

102. Cette saisie ou cette perquisition doit-elle répondre à des formes particulières ?

Bien sûr, la personne qui effectue la saisie doit être munie d'une commission rogatoire délivrée par le juge d'instruction. Des scellés seront apposées sur le document saisi.

103. Puis-je aller au commissariat ou au tribunal avec un collègue ?

Bien sûr. Le commissariat et le tribunal sont des lieux publics. Personne ne peut vous interdire d'accompagner votre collègue.

En revanche, rien n'oblige le policier ou le juge en son cabinet à vous laisser assister à l'audition de votre ami !

Maintenant rien n'empêche que vous en demandiez l'autorisation et qu'elle vous soit accordée. Il vous appartiendra alors de ne pas perturber cette audition.

104. Y a-t-il déjà eu des condamnations pénales contre des «*travailleurs sociaux*» pour violations du secret professionnel ?

Non. Pas à notre connaissance. Pour autant cela peut arriver demain quand les usagers réaliseront que des informations circulent qui ne devraient pas. Assistés ou non par des organismes ou par des conseils juridiques, certains ne manqueront pas de se constituer partie civile ou de recourir à la procédure de citation devant le tribunal pour demander une condamnation et une indemnisation pour le préjudice. Ils pourront encore recourir simplement à la procédure civile pour demander des dommages-intérêts.

En revanche, la Cour administrative d'appel de Lyon a condamné, le 30 décembre 1992, un Département pour le manquement au secret commis par des travailleurs sociaux. Les attendus de cette décision méritent d'être rapportés :

Considérant qu'aux termes de l'article 225 du code de la famille et de l'aide sociale : «Les assistantes, assistants ou auxiliaires du service social et les élèves des écoles se préparant à l'exercice de cette profession sont tenus au secret professionnel dans les conditions et sous les réserves énoncées à l'article 378 du code pénal»;

Considérant qu'il est constant que dans le cadre de l'enquête approfondie qu'elles effectuaient pour vérifier si les signalements reçus par le service concernant des faits graves imputés aux requérants et de nature à justifier le retrait de l'agrément de Madame C. comme assistante maternelle étaient fondés, les assistantes sociales ont porté les faits en question à la connaissance de Monsieur et à Madame C. au cours d'un entretien qui s'est déroulé en présence de la compagne de leur fils et du père des enfants placés; qu'en faisant participer des tiers à cet entretien, les assistantes sociales ont manqué à leur obligation de secret professionnel; qu'alors même que cette manière de procéder aurait eu pour objet de préserver les droits des requérants, ce manquement est constitutif d'une faute de nature à engager la responsabilité du département; que, par suite, M. et Mme C. sont fondés à soutenir que c'est à tort que par le jugement attaqué le tribunal administratif a rejeté leur demande; que le jugement du tribunal administratif de Clermont-Ferrand en date du 16 avril 1991 doit en conséquence être annulé;

Les poursuites exercées contre les travailleurs sociaux l'ont surtout été devant des juridictions pénales, à l'initiative des parquets, pour refus de dénoncer le crime ou le délit ou encore pour non-assistance à personne en danger. Généralement ces poursuites n'ont pas débouché sur des condamnations. L'affaire du Mans est l'exception. On peut penser que demain, l'obligation de dénoncer étant nettement imposée aux seules personnes qui ne sont pas tenues au secret professionnel, les tribunaux soient saisis par les parquets pour non-assistance à personne en péril à l'encontre des professionnels tenus au secret et taisants. En d'autres termes, le parquet, s'il n'est pas informé, aura tendance à demander au travailleur social de rendre des comptes, non sur ce qu'il a vu et entendu, mais sur ce qu'il a fait ! Le risque est réel. D'où l'intérêt de mettre en place des protocoles clairs sous l'égide du président du conseil général et du parquet quant aux signalements et... de s'y tenir.

La difficulté est réelle de tenir les équilibres implicites de la loi qui ne veut pas dissoudre l'action judiciaire dans le social, qui n'entend pas faire prédominer le parquet sur les juges du siège, qui n'entend pas plus nier la compétence sociale. Il faut être au clair sur l'essence des fonctions de chacun. Les jeux de pouvoir sont difficiles à éviter avec des rapports de forces différents selon les lieux, selon les hommes et les pesanteurs de l'histoire.

IX. - SECRET PROFESSIONNEL ET DROIT DE L'USAGER AUX INFORMATIONS QUI LE CONCERNENT *

105. Peut-on refuser de communiquer à une personne les informations détenues sur elle ?

Depuis la loi du 17 juillet 1978, le principe est la communication et le secret l'exception. En effet, l' art. 6 bis de ce texte dispose :

«*Les personnes qui le demandent ont droit à la communication, par les administrations... des documents de caractère nominatif les concernant, sans que des motifs tirés du secret de la vie privée, du secret médical ou du secret en matière commerciale et industrielle, portant exclusivement sur des faits qui leur sont personnels, puissent leur être opposés*».

---

* *Voir "Face au secret des origines, le droit d'accès au dossier de l'enfant abandonné", Verdier-Dubosc, Dunod, 1996*

Le contraire serait choquant. D'ailleurs on ne peut pas avancer que le secret soit là pour protéger la vie privée et refuser l'accès des intéressés à leur dossier ! Force est pourtant de constater qu'à une certaine époque, certains avaient tendance à la fois à se «*retrancher*» derrière le secret professionnel quand ils étaient sollicités de communiquer les informations en leur possession et à se recroqueviller quand ils étaient interrogés par l'usager ! Cette période semble bien dépassée.

«*Toutefois, les informations à caractère médical ne peuvent être communiquées à l'intéressé que par l'intermédiaire d'un médecin qu'il désigne à cet effet*». A noter que le médecin agit alors comme mandataire de son client, mais n'a aucun pouvoir sur celui-ci. Notamment, il ne peut filtrer l'information. Son entremise a été prévue dans un simple objectif d'information.

106. Comment s'opère cette communication ?

L'article 4 de la loi du 17 juillet 1978 le précise clairement :

- consultation gratuite sur place;
- photocopie en un seul exemplaire et aux frais du demandeur.

Attention : ce peut être l'un *et* l'autre

Cette communication est un droit et il n'y a à justifier d'aucune motivation particulière, ni d'aucune condition de forme dans la demande.

En cas de refus, des recours (gracieux et contentieux) sont ouverts aux intéressés : avis de la CADA (Commission d'accès aux documents administratifs), puis saisine du tribunal administratif.

107. N'y a t-il pas des informations qu'on doit cacher ?

L'administration peut refuser de communiquer «*les secrets protégés par la loi*». C'est notamment le cas :

a. Si l'accouchement est secret

En effet, l'article 47 du code de la Famille et de l'Aide sociale dispose que : «*Les frais d'hébergement et d'accouchement des femmes qui ont demandé, lors de leur admission en vue d'un accouchement dans un établissement public ou privé conventionné, à ce que le secret de leur identité soit préservé, sont pris en charge par le service de l'aide sociale à l'enfance du département siège de l'établissement.*

Pour l'application de l'alinéa précédent, aucune pièce d'identité n'est exigée et il n'est procédé à aucune enquête».

Puisque l'admission secrète est une obligation pour l'administration, on peut en déduire que c'est un droit pour les femmes.

Cette disposition est renforcée par l'article 341.1 du code civil qui affirme que «*lors de l'accouchement, la mère peut demander que le secret de son admission et de son identité soit préservé*».

b. Si les noms des parents ne sont pas désignés à l'officier d'état civil.

Selon l'article 57 du code civil, «*l'acte de naissance énoncera le jour, l'heure et le lieu de la naissance, le sexe de l'enfant et les prénoms qui lui seront donnés, les prénoms, noms, âges, professions et domiciles des père et mère et, s'il y a lieu, ceux du déclarant. Si les père et mère de l'enfant naturel, ou l'un d'eux, ne sont pas désignés à l'officier de l'état civil, il ne sera fait sur les registres aucune mention à ce sujet*».

c. S'il y a demande de secret de l'état civil.

En France on peut remettre à l'Aide sociale à l'enfance un enfant pour lequel la filiation a été établie en demandant que son état civil soit modifié. Cela résulte de deux textes :

L'article 62 du CFAS : «*Il doit être mentionné au procès-verbal que les père ou mère, ou la personne qui a remis l'enfant, ont été informés (...) de la possibilité de demander le secret [de leur identité]*» (ainsi modifié par la loi du 5 juillet 1996);

et l'article 58 du code civil : (un acte de naissance fictif) «*doit être établi, sur déclaration des services de l'assistance à l'enfance, pour les enfants placés sous leur tutelle et dépourvus d'acte de naissance connu ou pour lesquels le secret de la naissance a été réclamé*».

Dans tous ces cas il y a «*un secret protégé par la loi*» et l'information secrète ne peut pas être divulguée.

108. Et le secret de l'adoption ?

Il n'existe pas. L'adoption résulte d'un jugement public. Dès lors tout le monde - et a fortiori l'intéressé - peut se faire délivrer le jugement, puisque, selon l'article 451 du code de procédure civile, «*les tiers sont en droit de se faire délivrer copie des jugements prononcés publiquement*».

S'il y a secret, il est antérieur à l'adoption, par exemple au moment de l'admission (accouchement avec demande de secret ou remise à l'Aide sociale à l'enfance avec la même demande).

109. Pendant combien de temps doit-on conserver les dossiers administratifs des gens ?

L'article 3 de la loi du 3 janvier 1979 sur les archives dispose que «*les archives publiques, quel qu'en soit le possesseur, sont imprescriptibles*». Cela veut dire qu'il faut les conserver éternellement.

Ajoutons que la destruction d'archives publiques est un délit pénal qui est puni, lorsqu'il est effectué par une personne à qui elles ont été remises en raison ses fonctions ou missions, de dix ans d'emprisonnement et de 1 000 000 F d'amende.

110. Puis-je communiquer l'enquête sociale ou le rapport que j'ai établi aux intéressés ?

Ce rapport est destiné à celui qui l'a commandé et va prendre sa place dans son dossier. Il ne vous est donc pas possible d'en remettre un exemplaire aux intéressés. Le rapport suivra alors le statut de ce dossier. S'il s'agit d'un dossier administratif, il est communicable; s'il s'agit d'un dossier judiciaire, le code de procédure interdit la communication mais permet l'accès par l'intermédiaire d'un avocat.

Reste que certaines travailleurs sociaux dans le passé ont pu engager - dans les années 75 - une démarche volontaire et concertée de communication des rapports adressés aux juges des enfants dans le cadre des mesures éducatives qui leur étaient confiées. Cette pratique s'est essoufflée.

111. Si j'apprends qu'une personne a le V.I.H., dois-je en informer son partenaire ? Ou l'institution qu'il fréquente ?

Non, mais éventuellement vous pouvez engager votre responsabilité pénale pour non-assistance à personne en danger. La question est particulièrement délicate et controversée. Ici plus qu'ailleurs on ne peut que recommander un débat au sein des professions et au sein des équipes. Et, au final, l'affichage des règles adoptées.

La question est classique aujourd'hui de se demander si les enseignants ou du moins la direction de l'école doit être informée de ce qu'un élève est séropositif. Ici encore il faut répondre par la négative, sauf s'il s'agit d'alerter sur les difficultés que présenterait l'enfant le temps de sa scolarité. Pour le reste, on sait que la transmission se faisant par le sang ou le sperme, les risques sont quasiment nuls qu'un autre élève ou un enseignant soit, un jour, contaminé à l'école.

La seule conduite à prescrire est l'adoption de règles d'hygiène et de protection non discriminatoires, c'est-à-dire s'imposant à tous et en tous lieux, seule conduite utile puisqu'on ne peut savoir a priori qui peut être dangereux.

En l'état, la loi ne donne pas une solution systématique aux problèmes posés par l'apparition et le développement du VIH. La réflexion éthique ou déontologique pallie ces lacunes.

112. Chaque membre de la famille peut-il accéder à une enquête sociale concernant cette famille ?

Oui, dans un dossier administratif. D'où l'importance d'une grande prudence des rédacteurs et parfois la nécessité de rédiger des sous-dossiers : les éléments communs sont communicables à toute la famille, les éléments spécifiques (c'est-à-dire qui contiennent des jugements de valeur ou des appréciations) qu'aux intéressés eux-mêmes.

X. SECRET PROFESSIONNEL ET DÉONTOLOGIE

113. Qu'entend-on par «*déontologie*» ?

La déontologie est l'ensemble des règles de bonne conduite particulières à une profession. On peut aussi dire que ce sont les engagements que les membres d'une profession prennent entre eux - implicitement ou explicitement - à l'égard des usagers ou clients et de leurs propres pairs. Les règles déontologiques constituent ainsi un ensemble normatif auto-défini par une profession pour réguler son fonctionnement : indirectement elles confortent et protègent cette profession vis-à-vis de l'extérieur.

Les règles déontologiques se caractérisent par le fait qu'elles sont adoptées, en plein ou en creux, par une profession; elles ne peuvent pas être dictées de l'extérieur. Eventuellement, si elles relèvent d'un dispositif légal, elles prennent la forme d'une loi (comme le code de déontologie des médecins ou celui des infirmiers) ou d'un décret (comme le code des policiers), elles auront un sceau public, mais elles sont d'abord d'essence interne.

Le mot *déontologie* est aujourd'hui utilisé à toutes les sauces, aux lieu et place de morale ou d'éthique. Il convient d'apporter quelques précisions.

Nous proposons de distinguer :

- la morale qui est la science du bien et du mal;
- l'éthique qui consiste en une série de règles dont chacun implicitement ou explicitement se dote pour guider son action au quotidien;
- le règlement intérieur ou éthique du service (cette expression est beaucoup utilisée dans le champ médical) qui conduit une équipe composée de professionnels différents à adopter des règles du jeu applicables au service;
- et bien sûr la loi qui elle-même est plurielle : la loi civile (qui règle les rapports entre individus, notamment l'obligation de réparer le dommage causé), la loi pénale qui pose une série d'interdits dont la violation est sanctionnée par des peines d'amendes ou de prison et enfin le droit du travail qui réglemente les relations salariés - employeurs.

Les règles déontologiques ne sont pas seulement morales, elles peuvent être techniques. En tout état de cause elles s'appuient sur des références morales.

A travers leurs règles déontologiques, les professionnels se posent donc des interdits et plus généralement souscrivent une série d'engagements. Confrontés à telle situation ou tel problème, ceux qui se reconnaissent comme des professionnels s'engagent à tel comportement ou s'interdisent telle attitude.

Il est important de relever immédiatement que ces engagements doivent être conformes à la loi. Il n'est pas question un seul instant que la moindre de ces règles soit contraire au droit pénal, au droit civil ou au droit du travail. Au mieux, les engagements souscrits par les professionnels seront plus sévères; généralement les règles déontologiques contribueront à clarifier ou à concrétiser la loi.

Au final, l'acte professionnel, pour ne pas poser problème, devra donc être conforme :

- à la loi dans ses différentes dimensions;
- à la déontologie des professionnels concernés;
- aux règles affichées par le service auxquels ils appartiennent;
- à la conscience qui est individuelle : il ne devrait pas soulever d'états d'âme particuliers de la part de chacun des acteurs.

A défaut de l'une de ces conditions, une difficulté se présentera. Par exemple, la pratique sera conforme à la loi ou aux instructions données, mais ne satisfera pas le professionnel au regard de son éthique ou de sa déontologie : il devra en tirer les conséquences.

A l'inverse, il pourra avoir posé un acte professionnel innovant et donc «*hors la loi*» pour répondre au besoin de son «*client*» : il ne devra pas s'étonner de devoir éventuellement rendre des comptes, y compris devant la justice. L'histoire de l'action sociale est faite de ce type de dépassements sources de progrès réguliers. On ne prendra pas d'exemples précis, mais l'histoire de la contraception ou de l'accès aux soins, du droit au logement ou aux papiers, fourmillent d'illustrations où les travailleurs sociaux, au nom de la mission qui leur est confiée par la loi, forcent régulièrement les termes étroits de la loi. Reste que de temps en temps, on peut avoir raison trop tôt !

114. Y a-t-il une instance de conseil pour les travailleurs sociaux ?

Non, il n'existe pas d'instance de référence dans le champ social. Il en va différemment dans nombre de professions qui n'en sont pas moins vigilantes sur le respect de leurs libertés et de leur indépendance par rapport au pouvoir politique ou employeur.

Non seulement cette idée n'a pas très bonne presse auprès des professions sociales, mais on peut encore se demander comment il pourrait être possible de mettre en place une telle démarche devant l'hétérogénéité des professions au sein de l'action sociale.

Il n'y a pas d'Ordre des professions sociales; il n'y aura pas d'Ordre à une échelle visible. On peut même se demander si cela serait utile ! En effet, il peut sans doute être répondu autrement aux fonctions que peut rendre un ordre professionnel. Ainsi, le conseil et l'information peuvent être délivrés par les syndicats, les associations, des démarches innovantes comme celle que propose l'ANCE. *

Quant à la fonction de régulation disciplinaire, elle n'impose pas une «*juridiction*» : il suffira aux professionnels de se solidariser ou de se désolidariser d'avec les professionnels interpellés sur leurs pratiques professionnelles.

** Association Nationale des Communautés Educatives, 145 bd Magenta 75010 - Paris*

Il est incontestable que cette approche déroute. On n'imagine pas de sanction à une norme sans juridiction qui condamne ! Rester dans le domaine de la sanction morale n'apparaît pas toujours sérieux. Reste que ce sont ceux-là qui doutent de l'efficacité de règles morales qui refusent la création d'une juridiction ordinale et contestent une réflexion déontologique formalisée. Sans doute pour mieux rester dans leur toute puissance !

115. Qui peut me conseiller sur l'attitude à tenir en cas de difficulté ?

Le premier à pouvoir vous conseiller est votre supérieur hiérarchique. Après tout, c'est bien son rôle, son intérêt et son devoir, que d'apporter soutien aux membres de ses équipes qui s'interrogent sur la manière d'exercer et, d'une manière générale, d'être le garant de certaines attitudes sociales.

Pourtant il est clair que dans certaines circonstances, les travailleurs sociaux hésiteront à faire appel à leur hiérarchie dans laquelle ils ne se reconnaissent plus professionnellement pour ne pas être issue du terrain comme cela était généralement le cas dans le passé. Vos collègues, les syndicats ou les associations peuvent être là pour vous aider à rechercher l'attitude à tenir.

L'ANCE, pour sa part, s'évertuera à mettre en place une instance de conseil dans les départements ou à l'échelle régionale et disposera d'un dispositif d'aide national.

Reste que ces dispositifs ne résoudront pas vos problèmes de conscience. Ils pourront vous aider à raisonner, à trouver des repères. Il vous reviendra au final de choisir l'attitude à adopter.

116. Y a-t-il des documents qui peuvent me permettre de me préparer ?

Le code de déontologie médicale fait obligation aux médecins d'avoir les instruments nécessaires pour pratiquer leur art. Vous avez également comme travailleurs sociaux un devoir de compétence.

Les travailleurs sociaux doivent disposer des instruments juridiques qui leur sont nécessaires pour pratiquer leur métier de façon correcte, à savoir :

- la Constitution;
- la Convention européenne des droits de l'homme et de sauvegarde des libertés fondamentales;
- la Convention internationale des droits de l'enfant du 20 novembre 1989;
- les divers codes : code civil, code pénal, code du travail, code de la famille et de l'aide sociale;
- le code de déontologie de l'ANAS (pour les assistants de service social), ou encore le code adopté par le Syndicat des psychologues sont des éléments de références utiles.

Vous trouverez en annexe les «*Éléments de références déontologiques*» adoptés par l'ANCE en mai 1996 après un travail de près de deux ans, présidé par Amédée Thévenet (IGAS honoraire). Ce document veut présenter une série d'engagements valables pour l'ensemble de ceux qui se reconnaissent comme des acteurs sociaux. Sans doute dans l'avenir repérerez-vous ces engagements affichés dans les bureaux de certains de vos collègues ou dans des salles de réunions communes. Si vous vous y reconnaissez, rien ne vous empêche d'en faire autant !

117. A quoi peuvent me servir les codes déontologiques qui éclosent désormais ?

Apparemment, il s'agit par-delà la loi de donner une série de points de repères aux professionnels pour guider leurs pratiques et leur servir de cadres pour les attitudes les plus délicates. Cette démarche que l'on retrouve dans tous les domaines sociaux en mutation (la recherche, l'information, l'humanitaire, le politique après le médical) reflète le souci d'une autorégulation pour éviter d'avoir à rendre des comptes à la justice républicaine.

D'un autre côté, il faut y voir le souci des professions d'offrir des points de repère à leurs pairs dans un contexte d'intervention plus complexe sur le plan technique et politique que dans le passé. La loi n'offre pas réponse à tout. Elle définit les lignes générales. Reste à affiner avant de savoir quelle attitude concrète tenir.

L'action sociale, au regard de la place qu'elle occupe dans une période de crise de société particulièrement profonde ne pouvait pas échapper à une réflexion déontologique lui permettant de clarifier les règles dont elle s'est dotée implicitement de longue date. Cette démarche est approuvée en son sein (cf. le sondage paru dans Lien Social en mars 1996), malgré quelques résistances somme toute compréhensibles autour des mots «*code*» ou «*ordre*» qui apparaissent contradictoires avec la nécessité de préserver la liberté des travailleurs sociaux.

Ainsi, s'agissant de la confidentialité à garder au regard des informations recueillies, de l'attitude à l'égard des usagers ou des autres professionnels, de la formation professionnelle, on a vu dans ce livret combien la loi renvoyait de facto les travailleurs sociaux à leur conscience ou aux règles communément appliquées dans leur profession. Des règles déontologiques affirment les objectifs à tenir et les démarches à s'imposer pour dégager la solution non écrite au problème. Ces «*codes de déontologie*» permettent déjà aux professionnels de trouver des réponses types sur les grandes questions auxquelles ils seront confrontés à coups sûrs.

En vérité, un texte déontologique va plus loin. Il est l'occasion d'affirmer une identité professionnelle vis-à-vis des usagers ou de l'opinion en général, mais encore à l'égard des employeurs publics ou privés qui peuvent souhaiter tel ou tel comportement. Bien évidemment, en plein ou en creux, un tel document «*légitime*» certaines pratiques, donc en condamne d'autres. Il est clair qu'il ne s'agit pas de tout tolérer au nom de l'idée «*qu'il est interdit d'interdire*». On sait jusqu'à quels excès une telle attitude a pu conduire certaines dynamiques sociales pourtant pleines de promesses.

Pour autant l'intérêt d'une démarche déontologique ne réside pas dans ce registre «*répressif*», même s'il s'inscrit dans l'autodiscipline. Un «*code de déontologie*» ne se veut pas un instrument de répression à l'encontre des travailleurs sociaux - d'ailleurs il n'a de force que morale -, mais un document qui contribuera à afficher un savoir-faire; un ensemble d'engagements pris par une profession. A l'inverse, il ne faudrait pas prendre un tel document comme une barricade derrière laquelle on pourrait se réfugier pour dénier sa responsabilité. On pourrait alors retomber dans un certain corporatisme. Un code de déontologie ne sera jamais une assurance tous risques.

Par ailleurs, il ne donnera jamais réponse à tous les problèmes. Au moins contribuera-t-il à cerner les éléments de la réponse à apporter. Il ne fera pas l'économie d'une réflexion personnelle et éventuellement d'une prise de risque. En d'autres termes, on l'a dit, travail social rime avec responsabilités; encore peut-on soulager la pression sur les professionnels en cernant l'attitude qu'ils doivent tenir.

Il ne faut donc pas avoir le mythe du code de déontologie. Pas plus qu'on ne doit rejeter totalement la démarche.

D'autres professions ont su tirer le meilleur parti d'une telle démarche; pourquoi pas les professions sociales ? A l'étranger - par exemple en Angleterre, en Belgique, au Canada -, des démarches déontologiques ont été cristallisées au bénéfice des professions sociales. Pourquoi pas en France ?

Tout simplement, ne doit-on pas constater que d'ores et déjà les professions sociales se réfèrent à des règles déontologiques. Où est le risque de les rendre plus lisibles de tous ?

C'est la démarche qui a été proposée par l'ANCE en 1995-1996. Elle a été couronnée par l'adoption d'un «*Texte de références déontologiques*» qui, aujourd'hui, est mis à disposition des professionnels du social. Ceux-ci accepteront ou non de s'y référer pour justifier leurs pratiques professionnelles.

Contrairement à certaines apparences, plus que jamais travail social peut et doit rimer avec liberté, et liberté avec responsabilité. Ne pas être responsable signifie bien ne pas être libre.

Les règles sur le secret professionnel ne sont pas un carcan qui bride l'action sociale, mais la contrepartie d'un professionnalisme reconnu et légitimé, et de plus en plus revendiqué.

Annexes :

I. Les textes légaux

Du devoir de se taire au droit de parler :

LE PRINCIPE DU SECRET PROFESSIONNEL

1. De l'article 378 ancien à l'article 226-13 nouveau du code pénal :

Le célèbre article 378 du code pénal se présentait comme suit :

«*Les médecins, chirurgiens, et autres officiers de santé, ainsi que les sages-femmes et toutes personnes dépositaires par état ou par profession, par fonctions temporaires ou permanentes, de secrets qu'on leur confie, qui, hors les cas où la loi les oblige ou les autorise à se porter dénonciateurs, auront révélé ces secrets, seront punis d'un mois à six mois de prison et à une amende de 500 à 8000 F*».

Il a été remplacé par l'article 226-13 :

«*La révélation d'une information à caractère secret par une personne qui en est dépositaire soit par état soit par profession, soit en raison d'une fonction ou d'une mission temporaire, est punie d'un an d'emprisonnement et de 100.000 francs d'amende*».

Art. 80 C. F. A. S. (Loi 92 - 1336 du 16 décembre. 1992, art. 164-1) :

«*Toute personne participant aux missions du service d'aide sociale à l'enfance est tenue au secret professionnel sous les peines et dans les conditions prévues par les articles 226-13 et 226-14 du code pénal.*

Elle est tenue de transmettre sans délai au président du conseil général ou au responsable désigné par lui toute information nécessaire pour déterminer les mesures dont les mineurs et leur famille doivent bénéficier, et notamment toute information sur les situations de mineurs susceptibles de relever de la section 5 du chapitre 1er du présent chapitre.

L'article 226-13 du code pénal n'est pas applicable aux personnes qui transmettent dans les conditions prévues par l'alinéa précédent ou dans les conditions prévues par l'article 78 du présent code».

Article 225 du C. F. A. S. :

«Les assistantes, assistants ou auxiliaires du service social et les élèves des écoles se préparant à l'exercice de cette profession, sont tenus au secret professionnel dans les conditions et sous les réserves énoncées à l'article 378 du Code pénal.

Article L. 188 du Code de la Santé publique

«L'article (226-13) du code pénal relatif au secret professionnel est applicable à toute personne appelée à collaborer au service départemental de protection maternelle et infantile.»

(Ord. n° 59-35, 5 janvier 1959, art. 10)

La communication par les personnes visées à l'alinéa précédent, à l'autorité judiciaire ou aux services administratifs chargés de la protection de l'enfance, en vue de ladite protection, d'indications concernant des mineurs de vingt et un an dont la santé, la sécurité, la moralité ou l'éducation sont compromises, n'expose pas, de ce fait, les intéressés aux peines prévues audit article 378 du Code pénal».

Rappel : «*Toute référence aux dispositions de l'article 378 du code pénal est remplacée par la référence aux article 226-13 et 226-14 du code pénal*» (art. 333 de la loi 92-1336 du 16/12/1992 relative à l'entrée en vigueur du nouveau code pénal)

2. La non-dénonciation de violences à personne particulièrement vulnérable

Art. 434-3 du code pénal :

«Le fait, pour quiconque ayant eu connaissance de privations, de mauvais traitements ou d'atteintes sexuelles infligés à un mineur de quinze ans ou à une personne qui n'est pas en mesure de se protéger en raison de son âge, d'une maladie, d'une infirmité, d'une déficience physique ou psychique ou d'un état de grossesse, de ne pas en informer les autorités judiciaires ou administratives est puni de trois ans d'emprisonnement et de 300 000 F d'amende.

Sauf lorsque la loi en dispose autrement, sont exceptées des dispositions qui précèdent les personnes astreintes au secret dans les conditions prévues par l'article 226-13»

3. L'obligation ou l'autorisation de la loi de parler en violation du secret

Art. 226-14 du code pénal :

«L'article 226-13 n'est pas applicable dans les cas où la loi impose ou autorise la révélation du secret.

En outre, il n'est pas applicable :

1. *A celui qui informe les autorités judiciaires, médicales ou administratives de privations ou de sévices, y compris lorsqu'il s'agit*

d'atteintes sexuelles dont il a eu connaissance et qui ont été infligés à un mineur de quinze ans ou à une personne qui n'est pas en mesure de se protéger en raison de son âge ou de son état physique ou psychique;

2. Au médecin qui, avec l'accord de la victime, porte à la connaissance du procureur de la République les sévices qu'il a constatés dans l'exercice de sa profession et qui lui permettent de présumer que des violences sexuelles de toute nature ont été commises».

4. L'obligation de porter assistance à personne en péril

Art. 223. 6 du code pénal :

«Quiconque pouvant empêcher par son action immédiate, sans risque pour lui ou pour les tiers, soit un crime, soit un délit contre l'intégrité corporelle de la personne, s'abstient volontairement de le faire, est puni de cinq ans d'emprisonnement et de 500 000 francs d'amende.

Sera puni des mêmes peines quiconque s'abstient volontairement de porter à une personne en péril l'assistance que, sans risque pour lui ou pour les tiers, il pouvait lui prêter soit par son action personnelle, soit en provoquant un secours».

5. L'obligation de prévenir le renouvellement de crimes

Art 434-1 du code pénal :

«Le fait pour quiconque ayant connaissance d'un crime dont il est encore possible de prévenir ou de limiter les effets, ou dont les auteurs sont susceptibles de commettre de nouveaux crimes qui pourraient être empêchés, de ne pas en informer les autorités judiciaires ou administratives, est puni de trois ans d'emprisonnement et de 300 000 F d'amende.

Sont exemptées des dispositions qui précèdent, sauf en ce qui concerne les crimes commis sur les mineurs de quinze ans :

1. les parents en ligne directe et leurs conjoints, ainsi que les frères et soeurs et leurs conjoints, de l'auteur ou du complice du crime;

2. le conjoint de l'auteur ou du complice du crime, ou la personne qui vit notoirement en situation maritale avec lui.

Sont également excemptées les personnes astreintes au secret dans les conditions prévues à l'article 226-13».

II. - Références déontologiques pour l'action sociale

Texte adopté aux journées d'études de l'A.N.C.E le 30 mai 1996 à Carcassonne

Préambule

L'Association nationale des communautés éducatives propose un texte de «Références déontologiques pour l'action sociale» à l'ensemble des acteurs intervenant dans des missions d'action sociale.

Il concerne aussi bien les professionnels agissant seuls que les différentes équipes pluridisciplinaires, les professions déjà dotées d'un Code ou d'une Charte de déontologie spécifique et celles existantes ou à créer qui en sont dépourvues, ces professionnels travaillant en établissement spécialisé, en service ou dans des formes innovantes.

Cette démarche s'impose d'autant plus que se diluent les notions d'Etat et de service public et que s'accroît l'internationalisation du droit et se développe le contrôle du pouvoir juridictionnel sur les pratiques sociales.

Jusqu'ici les seules références existantes sont de quatre ordres :

- le cadre institutionnel juridique et administratif dans lequel se situe l'action sociale;
- le statut des personnes relevant des fonctions publiques, des codes de travail et conventions collectives pour le personnel privé;
- la définition, le contenu et la validation des formations initiales et continue;
- le droit des usagers qui apparaît dans la législation et réglementation de façon dispersée : droit des malades, droit des parents, droit des enfants, droit des personnes vis-à-vis de l'informatisation des dossiers.

La professionnalisation de l'action sociale a amené tout logiquement à l'émergence d'une déontologie, c'est-à-dire d'un ensemble de règles dont les professionnels se sont dotés implicitement pour délimiter ce qu'ils s'interdisaient ou ce qu'ils s'autorisaient dans le cadre de la loi.

L'A.N.C.E. a souhaité que ces règles, qui constituent autant d'engagements à l'égard des usagers que des autres professionnels du social, soient désormais explicites.

Ces attitudes sont indépendantes des options personnelles, philosophiques ou politiques tant des intervenants sociaux que de leurs usagers.

Les règles retenues se déclinent en partant de :

- la Déclaration universelle des droits de l'homme de l'O.N.U. du 10 décembre 1948;
- la Constitution française du 4 octobre 1958;
- la Convention de sauvegarde des droits de l'homme et des libertés fondamentales du Conseil de l'Europe du 4 novembre 1950;
- la Convention internationale des droits de l'enfant de l'O.N.U. du 20 novembre 1989;
- le Code civil, le Code pénal et la réglementation du travail.

Le présent texte de références dont la logique se veut commune aux acteurs sociaux dans leur diversité et leur pluralité, prend en compte que chaque professionnel peut se référer également à un texte propre à sa profession.

I. L'action sociale au service d'une solidarité

1.1. La légitimité, les devoirs généraux et les missions des acteurs sociaux se fondent sur la Déclaration universelle des droits de l'homme, les valeurs républicaines humanistes et les notions de laïcité et de justice sociale.

1.2. L'action sociale a pour objectif premier de rendre ou de faciliter l'accès à une capacité citoyenne à ceux, enfants ou adultes, pour lesquels elle intervient.

L'action sociale et la loi

1.3. L'action sociale se définit par rapport à la loi, dans le cadre de missions précises, ce qui nécessite pour les acteurs sociaux de la connaître, de l'assimiler pour une bonne pratique professionnelle s'appuyant sur réflexions et débats. A partir des missions d'expertise qu'ils conduisent, les acteurs sociaux pourront jouer un rôle actif dans la définition des politiques sociales.

L'action sociale : place de la puissance publique et de l'initiative privée à but non lucratif

1.4. La légitimité du travail social est fondée sur une fonction d'action sociale qui incombe à la puissance publique. Par-delà le transfert d'une large zone de compétences aux collectivités locales, l'Etat y conserve des responsabilités particulières. Une part importante reste confiée à l'initiative privée. Privée ou publique, cette initiative doit répondre à une exigence de compétences.

1.5. L'action sociale est mise en oeuvre par des administrations, des institutions et services, avec des exigences et un esprit de «mission de service public». L'évaluation en est le corollaire.

Les missions

1.6. Les acteurs sociaux ont des missions précises. Dans le cadre de leur mission, ils doivent s'engager dans une solidarité active, respectueuse de la loi prenant en compte aussi bien la prévention que l'accompagnement.

1.7. Ils doivent mettre en oeuvre d'une part, le projet institutionnel décidé par l'organisme gestionnaire ou par l'administration compétente après concertation avec eux et d'autre part, le projet individuel qui s'inscrit dans le cadre du projet global.

A partir du rappel de cette légitimité, des devoirs généraux et des missions, un nouveau mode d'action sociale peut être mis en oeuvre.

II. Les usagers de l'action sociale

2.1. On entend par usager toute personne dont la situation justifie l'intervention des acteurs sociaux.

L'usager : sujet

2.2. De par la Loi, ces usagers ont des droits leur permettant de bénéficier de toutes les interventions des acteurs sociaux afin d'acquérir le plus grand développement de leurs potentialités.

2.3. L'usager doit être entendu dans ses attentes, respecté dans son développement et dans son projet de vie. Il doit ainsi dans le respect de ses possibilités et de ses compétences être associé à l'élaboration du projet d'intervention. Les enfants doivent être associés au projet avec la collaboration des familles.

2.4. Une information claire, mesurée, diversifiée, complète, une explication de la loi et des recours possibles doivent pouvoir emporter leur adhésion ou leur refus.

L'usager : citoyen

2.5. L'usager a droit au respect de ses convictions ou de ses croyances; il ne saurait être victime d'attitudes vexatoires ou attentatoires à la dignité de la personne. Ses droits sont aussi ses devoirs à l'égard d'autrui.

2.6. La confidentialité des informations recueillies sur l'usager et sa vie privée est un droit fondamental. Ce droit ne peut céder que pour protéger l'intérêt supérieur de la personne.

Les droits et devoirs des usagers définissent un engagement vers la citoyenneté.

III. Les engagements des acteurs sociaux à l'égard des usagers

Un engagement résolu

3.1. L'acteur social doit respecter l'usager, son autonomie et son histoire mais il a aussi un devoir d'investissement, d'engagement, de responsabilité.

Il doit veiller à la qualité de l'accueil, de la relation, de la disponibilité et privilégie en toutes circonstances le respect de l'intégrité physique et de la dignité de l'usager.

3.2. Il s'engage à être attentif à l'information de l'usager sur ses droits et sur les recours qui peuvent lui être ouverts tant au niveau de ses biens que de sa personne.

3.3. Il est vigilant à évaluer avec un esprit critique les effets de ses actions auprès des usagers pour rendre le meilleur service possible. Il est soucieux de participer à l'élaboration d'outils d'évaluation du service rendu.

Une compétence reconnue

3.4. L'acteur social s'engage à se doter de la plus haute compétence possible notamment par un effort d'actualisation permanente de son savoir. Par delà une démarche personnelle, il veillera à faire prendre en compte ce besoin dans le cadre des plans de formation.

3.5. A cet égard, dans une perspective d'actualisation permanente des formations, il contribuera aux réflexions sur la démarche formatrice.

3.6. Les réflexions d'ordre éthique et déontologique participent à l'élaboration d'un cadre de référence aux démarches de formation initiale et reconnue.

Une indépendance et une liberté relatives

3.7. Dans un souci d'intérêt collectif, l'acteur social bénéficie d'une autonomie technique pour élaborer son action et s'engage à tout mettre en oeuvre pour assurer sa mission.

3.8. L'introduction de nouvelles technologies impose une clarification des enjeux, des logiques et des outils envisagés et une méthodologie de l'utilisation des moyens (finalité, usage, limites, ...). Dans toute la mesure du possible, l'acteur social consulte et informe le sujet sur les dispositions qu'il adopte.

3.9. Le respect du secret professionnel, l'obligation de discrétion concernant l'usager vis-à-vis des tiers imposent des règles quant aux traitements et à la transmission des informations. L'acteur social veille à ce que ses collaborateurs soient informés de cette obligation du secret.

De par sa compétence, l'acteur social a droit à être reconnu dans son champ d'intervention.

IV. Les engagements et attentes des acteurs sociaux quant à leur coopération

4.1. La complexification des situations et la recherche de moyens d'action amènent de nouvelles formes d'interventions sociales, une multiplicité et une multiplication des intervenants. Le travail en collaboration devra être favorisé.

Une collaboration nécessaire

4.2. Les acteurs sociaux mettent tout en oeuvre pour s'inscrire dans un projet commun en y apportant leur technicité, leur compétence dans le respect des statuts et des attributions de leurs partenaires.

Ils s'efforcent de créer dans leurs relations un climat de confiance permettant une reconnaissance réciproque de leurs compétences spécifiques.

Ils situent le champ de leur action par rapport à la mission qui leur est confiée en mettant en oeuvre une technicité et une compétence adaptée.

Une complémentarité effective

4.3. Les acteurs sociaux veillent à la complémentarité des compétences dans le respect de la personnalité de chacun et avec le souci d'une vision globale de l'usager.

Ils participent à des réunions de concertation, de régulation, de médiation assurant la coordination des actions.

Une recherche de cohérence

4.4. Les différents acteurs sociaux, à leur niveau et pour ce qui les concerne, s'engagent à respecter et faire respecter les droits des usagers au travers de leurs réflexions et propositions d'action.

Une évaluation des actions mises en oeuvre s'impose régulièrement au sein de l'équipe, mais également avec les autres membres du corps social.

Interinstitutionnalité

4.5. Les acteurs sociaux doivent respecter le secret sur les informations recueillies du fait de leur mission, leur état ou leur fonction dans le traitement, l'accès et la divulgation d'informations non utiles au regard de la mission en faveur de l'usager.

Ils veillent également dans les échanges d'informations entre institutions à vérifier que le destinataire est la personne habilitée à recevoir ces informations.

Dans toute la mesure du possible, ils veillent à rendre anonymes ces informations, à les cantonner au strict nécessaire au regard de leur finalité, et à ce que la circulation et la transmission des informations relatives à l'usager se fassent avec le souci du respect de la vie privée des intéressés.

Une volonté des professionnels d'harmoniser leurs pratiques au service de l'usager.

V. Les responsabilités des acteurs sociaux à l'égard des employeurs

5.1. L'acteur social, vis-à-vis de son employeur, est conscient des obligations qui découlent de son statut contractuel de droit privé ou public.

Sachant que l'employeur développe son activité dans le cadre d'une mission de service public ou d'intérêt général, l'acteur social se doit de mettre les responsables de son institution en mesure d'exercer pleinement leurs propres responsabilités.

5.2. L'acteur social se doit, par ailleurs, de prendre en compte les obligations qui découlent de la nature spécifique des missions qui lui sont confiées (prises en charge, accompagnement, investigations, expertises).

5.3. S'il est convaincu que la démarche à développer par son employeur, d'une manière générale ou ponctuelle, n'est pas conforme aux valeurs éthiques ou déontologiques auxquelles il se réfère, l'acteur social peut être amené à faire jouer sa clause de conscience. Dans ce contexte, il aura la démarche de veiller à la continuité de son action avec le souci permanent de la prise en compte de l'intérêt supérieur de l'usager.

5.4. Dans son action, l'acteur social peut être relayé ou appuyé par des intervenants non régis par un contrat de travail. Avec le souci de cohérence de ces intervenants pour l'usager, l'acteur social saura attirer l'attention de l'employeur sur les exigences de compétence, de culture institutionnelle et de rigueur dans la démarche de bénévolat.

L'acteur social a des obligations professionnelles, légales, morales vis-à-vis de son employeur qui assure la responsabilité légale de la mission de l'action sociale.

Table des questions

Table des matières 3
Introduction.- Pour éviter la correctionnelle... 5

I. - PRINCIPES

1. Quelle est l'actualité du sujet ? 9
2. Qu'est-ce qui caractérise un «secret» ? 13
3. Qu'est-ce, grosso modo, que le secret professionnel ? 15
4. Quels sont les textes aujourd'hui applicables ? 17
5. Quel est le principe du secret professionnel ? 18
6. Quel est le fondement du secret professionnel ? 19
7. Finalement la règle du secret professionnel vise-t-elle à garantir l'intérêt privé ou l'intérêt général ? 21
8. Le secret professionnel est-il absolu ? 22
9. Le secret professionnel vise l'intimité de la vie privée ? 24
10. Le nouveau code pénal a-t-il changé les règles du jeu ? 25
11. Si mon client m'autorise à dire son dossier alors que je suis tenu au secret professionnel, serai-je dispensé de peine ? 28

II. - QUI EST ASTREINT AU SECRET PROFESSIONNEL ?

12. Qui est tenu au secret professionnel ? 29
13. Quelle différence entre «fonction» et «mission temporaire» ?..... 35
14. Quels sont les différents «mandats» qui peuvent être donnés à un travailleur social ? 36
15. Qu'est-ce qu'un «confident nécessaire» ? 36
16. Qu'en est-il des éducateurs ? 37
17. Et pour ceux qui travaillent à l'Aide sociale à l'enfance ? 37
18. Un éducateur de rue informé d'infractions commises par ses jeunes doit-il les révéler ? 38
19. Et dans la P.M.I. ? 40
20. Les assistantes maternelles sont-elles tenues au secret professionnel? 41
21. Quid des «travailleurs sociaux» dans des associations ? 42
22. Et les administrateurs ou cadres d'une association ? 43
23. Comment savoir si je suis tenu au secret professionnel ? Y a-t-il une liste des personnes tenues de se taire ? 43
24. Si l'on n'est pas tenu au secret, est-ce à dire que l'on peut pour autant parler librement de ce qu'on a appris ? 44
25. Les fonctionnaires ne sont-ils pas tenus à une obligation de discrétion par un texte spécial ? 45
26. Quelle différence entre le secret professionnel et la discrétion professionnelle à laquelle sont astreints les fonctionnaires ? 46
27. On parle parfois de «droit de réserve» des fonctionnaires. Qu'en est-il exactement ? 46

28. Les fonctionnaires n'ont-ils pas des obligations particulières de dénoncer crimes et délits connus à l'occasion de leur activité professionnelle ? ... 47
29. Jusqu'où le médecin-psychiatre qui travaille en institution est-il tenu au secret professionnel ? ... 47
30. Les psychologues ont-ils un secret professionnel spécial ? ... 49
31. Ceux qui interviennent au nom d'une association de bénévoles sont-ils tenus au secret ? ... 49
32. On parle de «secret missionnel». Quelles missions vise-t-on ? ... 50

III. SUR QUOI PORTE LE SECRET PROFESSIONNEL ?
33. Qu'est-ce qu'un fait couvert par le secret ? ... 51
34. Quel est le domaine du secret professionnel ? ... 52
35. Tout ce que j'apprends à l'occasion de mon activité professionnelle est-il couvert par le secret professionnel ? ... 52
36. Si je divulgue une information couverte par le secret professionnel, susceptible d'être connue par ailleurs, est-ce que je commets un délit ? ... 53
37. A qui le secret professionnel est-il opposable ? ... 54
38. Si j'apprends ou j'observe des choses qui n'ont rien à voir avec mon mandat, suis-je tenu au secret concernant ces faits ? ... 55
39. Je suis médecin, psychologue ou travailleur social, dois-je informer les parents que leur enfant est venu me voir ? ... 55
40. Dois-je prévenir la famille que je signale sa situation au président du Conseil général ou à la justice ? ... 57

IV. LES SANCTIONS DE VIOLATION DU SECRET
41. Qu'entend-on par «révélation» ? ... 59
42. De quelle manière risque-t-on de violer le secret professionnel ? 60
43. Que risque celui qui viole le secret professionnel ? ... 61
44. Est-ce que je risque d'être sanctionné sur le plan disciplinaire si je ne suis pas poursuivi pénalement (et réciproquement) ? ... 62
45. Peut-on me reprocher, notamment me demander des dommages intérêts, pour le dommage causé par des informations que je n'aurais pas dû livrer ? ... 63
46. Si je ne signale pas ce que je devais signaler en temps utile ou si je n'interviens pas, qu'est-ce que je risque dans mon travail ? ... 64
47. A-t-on des exemples de travailleurs sociaux poursuivis pour violation du secret professionnel ? ... 64

V. LES LIMITES
48. Y a-t-il des cas où la loi autorise ou oblige à lever le secret ? ... 67
49. Quelles sont les obligations de dénoncer ? ... 68

50. Puis-je violer le secret professionnel pour éviter une injustice ? Qu'est-ce que je risque ? 69
51. Qui est exempté de dénoncer un crime ? 70
VI. SECRET PROFESSIONNEL ET DEVOIR DE PROTECTION
52. L'obligation de porter assistance à personne en péril ? 71
53. La loi ne fait-elle pas obligation de dénoncer crimes et mauvais traitements à enfant ? Qui en est dispensé ? 75
54. N'y a-t-il pas des contradictions dans la loi dans les obligations qu'elle impose aux professionnels du social ? 78
55. Qu'est-ce que je risque si j'obéis à la loi en disant ce que je sais alors que la loi me dit par ailleurs de me taire ? 79
56. Que faire face à un enfant victime de sévices ou de privations ? . 80
57. N'y a-t-il pas un numéro d'appel national ? 81
58. Qu'est-ce que je risque si je ne parviens pas à protéger la personne en danger ? 83
59. Suis-je quitte si j'ai signalé le danger à ma hiérarchie ? 84
60. Que risque-t-on si toujours inquiet, on prévient directement le procureur ou le juge des enfants ? 84
61. Dans cette hypothèse, peut-on me protéger contre une sanction administrative ? 85
62. On me dit qu'un enfant est victime de sévices sexuels; combien de temps ai-je pour vérifier cette information ? 86
63. Comment venir en aide à celui qui est en péril en ayant dans le même temps l'obligation de se taire ? 87
64. Si j'ai la possibilité, mais pas l'obligation, d'informer la justice, quand vais-je le faire ? 88
65. Le travailleur social missionné a-t-il le droit d'interroger l'enfant sans en informer ses parents ? 89
66. Une jeune fille de 16 ans dit qu'elle a été victime de violences sexuelles mais elle ne veut pas que j'en parle. Que faire ? 89
67. Et si ces violences continuent ? 90
68. Que faire pendant que la police ou la justice vérifient les informations, sachant que cela peut durer très longtemps ? Suis-je dégagé de toute responsabilité ? 92
69. Que faire si le procureur ou le juge prévenus ne font rien ? 93
70. Un magistrat peut-il être poursuivi pour non-assistance à personne en péril ? 93
71. Que doit faire le travailleur social s'il est confronté à la situation d'une personne âgée délaissée ou victime de violence ? 94
72. Si je suis au courantqu'une personne de plus de quinze ans est victime de mauvais traitement, puis-je le signaler ? 95

VII. SECRET PROFESSIONNEL PARTAGÉ

73. Qu'entend-on par secret partagé ? 97
74. Quelles précautions prendre ? 98
75. Mon chef de service peut-il avoir accès à mon agenda et aux dossiers que j'ai constitués sur les familles ? 99
76. Que peut-on donc dire en réunion de synthèse ? 101
77. Ai-je le droit de révéler des informations dont j'ai eu connaissance dans l'exercice professionnel à une personne elle-même tenue au secret professionnel ? 101
78. Doit-on tout dire à son chef de service ? 102
79. Suis-je obligé de donner le nom des personnes auxquelles je tente de faire accorder un appartement ou une aide ? 102
80. Peut-on refuser d'intervenir dans une réunion pluridisciplinaire ou inter-institutionnelle si l'on n'est pas assuré que tous les participants sont tenus au secret professionnel ? 103
81. Dans une enquête sociale, puis-je tout dire de ce que je vois ? .. 104
82. Mon chef de service peut-il me demander de lui dire tout ce que je sais d'une situation ? 104
83. Que se passe-t-il si on ouvre mon courrier professionnel alors qu'il est marqué «personnel» sur l'enveloppe ? 105
84. Si je quitte mes fonctions, puis-je partir avec mes dossiers si je ne suis pas assuré de ma succession ? 106

VIII. LE SECRET PROFESSIONNEL ET LA JUSTICE

85. Que veut dire la loi quand elle demande au président du Conseil général d'informer immédiatement l'autorité judiciaire ? 107
86. Un juge d'instruction a-t-il le droit de saisir ce qui l'intéresse ? Comment fait-il ? Peut-on s'y opposer ? 108
87. Saurai-je comme professionnel ce qu'il advient de mon signalement au procureur de la République ? 109
88. Ceux qui signalent sans être des professionnels peuvent-ils savoir ce qu'il a été fait de leur signalement ? 109
89. A qui le juge des enfants communique-t-il les éléments de son dossier ? 110
90. Qu'advient-il des informations que je donne aux magistrats chargés de la jeunesse ? Ces informations données pour la protection des enfants peuvent-elles être accessibles à d'autres magistrats et utilisées contre les intéressés ? 111
91. Comme travailleur social ayant une mesure judiciaire à exercer, puis-je obtenir une copie de ce dossier ? 112
92. Puis-je me retrancher derrière le secret professionnel vis-à-vis du juge des enfants ? 113
93. Doit-on se présenter au commissariat en cas de convocation ? .. 114
94. Suis-je obligé de collaborer avec la justice ? 114

95. Suis-je obligé de témoigner en justice ? 115
96. Que dois-je faire si j'estime être tenu par le secret ? 117
97. L'institution peut-elle m'aider et comment ? 117
98. Mes supérieurs peuvent-ils m'interdire ou m'ordonner de témoigner sur des faits couverts par le secret professionnel ? ... 118
99. Si je sais qu'une demande d'aide ou de RMI comporte de fausses déclarations, puis-je les révéler ? 119
100. Puis-je m'opposer à une perquisition ou à une saisie dans mon bureau voire chez moi pour trouver des documents liés à mes activités professionnelles ? 119
101. Peut-on me saisir mon agenda professionnel ? 120
102. Cette saisie ou cette perquisition doit-elle répondre à des formes particulières ? 120
103. Puis-je aller au commissariat (au tribunal) avec un collègue ? 120
104. Y a-t-il déjà eu des condamnations contre des travailleurs sociaux» pour violations du secret professionnel ? 121

IX. SECRET PROFESSIONNEL ET DROIT DE L'USAGER AUX INFORMATIONS QUI LE CONCERNENT
105. Peut-on refuser de communiquer à une personne les informations détenues sur elle ? 123
106. Comment s'opère cette communication ? 124
107. N'y a t-il pas des informations qu'on doit cacher ? 125
108. Et le secret de l'adoption ? 126
109. Pendant combien de temps doit-on conserver les dossiers administratifs des gens ? 127
110. Puis-je communiquer l'enquête sociale ou le rapport que j'ai établi aux intéressés ? 127
111. Si j'apprends qu'une personne a le V.I.H., dois-je en informer son partenaire ? Ou l'institution qu'il fréquente ? 128
112. Chaque membre de la famille peut-il accéder à une enquête sociale concernant cette famille ? 129

X . SECRET PROFESSIONNEL ET DÉONTOLOGIE
113. Qu'entend-on par «déontologie» ? 131
114. Y a-t-il une instance de conseil pour les travailleurs sociaux ? 134
115. Qui peut me conseiller sur l'attitude en cas de difficulté ? 135
116. Y a-t-il des documents qui peuvent permettre de me préparer ?136
117. A quoi peuvent me servir les codes déontologiques ? 137

Annexes :
I. Les textes légaux 140
II. - Références déontologiques pour l'action sociale 143